Andreas Illigens
Von Schwachen und Mächtigen

Andreas Illigens

Von Schwachen und Mächtigen

Verlag aktuelle texte gmbh
D-7940 Heiligkreuztal

Für meine Familie
und Pater Jan de Potter

CIP-Titelaufnahme der Deutschen Bibliothek

Illigens, Andreas:

Von Schwachen und Mächtigen / Andreas Illigens. —
Heiligkreuztal: Verl. Aktuelle Texte, 1988
ISBN 3-921312-33-7

Gestaltung: Werbeagentur Achim Köppel, D-7480 Sigmaringen
Fotos: Andreas Illigens, D-5100 Aachen
Satz und Druck: Gebrüder Edel GmbH & Co. KG, D-7968 Saulgau
Gesetzt in Optima Antiqua

© Verlag aktuelle texte gmbh, D-7940 Heiligkreuztal, 1988
1. Auflage
Alle Rechte vorbehalten — Printed in Germany

Verlagsnummer 033
ISBN 3-921312-33-7

Inhalt

1.
Geiselnahme 16

2.
Begegnung am Morgen 22

3.
Das Gefängnis 32

4.
Danner's Alltag 40

5.
Tsehay's abenteuerlicher Weg
zum Gefängnis 49

6.
Die Entscheidung 59

7.
Die Furcht des Fikre Selassie 70

8.
Entlassen 78

9.
Abebe's Geständnis 88

10.
Vegeblicher Protest 96

11.
Die Hinrichtung 106

12. Am Langano	113
13. Irrwege	123
14. Ein Attentat	131
15. Ein Ausweg für den Minister	140
16. Der Kreis schließt sich	148

Wenn Du Dich aber weigerst,
mein Volk freizugeben, wohlan,
dann lasse ich morgen Heuschrecken-
schwärme in Dein Land fallen.
Sie werden die Oberfläche bedecken,
so daß man das Land selbst
nicht mehr sehen kann...   Moses 2.10

Der Regen besiegte den Staub.

Klatschend schlugen die Tropfen kleine Mulden in den Sand, vereinigten sich auf steinigem Boden und Wasser überschwemmte die Felder, glättete die mit Holzpflügen gezogenen Ackerfurchen und grub neue, drängte in Rinnen und Ritzen und verrann gurgelnd.

Mehr Regen stürzte aus schweren Wolken, weichte die Erde und sie öffnete sich, und die Bauern rochen ihre feuchtwarme Fruchtbarkeit.

Im Schoß der Erde quollen die Samen auf und sprengten ihre Schalen, zaghaft griffen erste Wurzeln und Keime zwängten sich ans Licht. Die Bauern sahen sie grünen und wachsen und stark werden und mit den Keimlingen wuchs die Hoffnung der Bauern auf eine reiche Ernte.

Als die Hirse hoch stand und im Wind wisperte, als der Mais schwer an seinen Kolben trug und die Weizenähren sich auf gelben Halmen wiegten und als in den Köpfen der Bauern die Erinnerung an den Hunger zu schwinden begann, erreichten sie von den anderen Dörfern erschreckende Botschaften.

Ratlos und voller Trübsal standen sie am Rand ihrer Felder. Ballten im hilflosen Zorn die Fäuste, spürten, wie der Hunger nach ihnen griff, und die Angst ließ sie klagend auf und ab wandern.

Schließlich rief der älteste der Bauern: ,,Holt den deptera*!''
Der Wind trug den Ruf von Ohr zu Ohr.

Der deptera kam.

,,Anbeta! Heuschrecken! Nicht mehr lange, und sie werden hier sein. Der Ostwind ist ihr Freund, er trägt sie weit und schnell. Du mußt uns helfen'', flehte der Sprecher der Bauern und streckte dem deptera gekrümmte Hände entgegen.

,,Helfen?'', wiederholte der deptera die Frage mit brüchiger Stimme. ,,Erinnere Dich, Du hast es schon einmal getan, vor langer Zeit'', ergänzte der Bauer.

---

* ,,deptera'': Kirchengelehrter

Hinter verhangenen Lidern verborgen, erforschten die schwarzen Augen des deptera die Gesichter der Bauern und er erkannte ihre Furcht.

„Ja, vor langer Zeit", seufzte er dann, „viele Jahre sind vergangen. Sie haben Veränderungen gebracht. Für Euch. Für mich." Er blickte auf eine Gruppe abseits stehender junger Leute. Es waren aus der Hauptstadt entsandte Mitglieder der Alphabetisierungskampagne. Der Arm der neuen Regierung. Unwillkommen und gefürchtet. Erzwangen die Annahme der amtlichen Sprache, die nicht die der Bauern war.

„Veränderungen? Welche Veränderungen sind so groß, daß sie Dich hindern, uns zu helfen? Unsere Ernte zu sichern, den Hunger unserer Frauen und Kinder zu vermeiden?", rief der Bauer. Der deptera wies nach Süden.

„Seht nach Addis Abeba. Unser Kaiser Haile Selassie, der auch Euer Kaiser war, ist nicht mehr. Der König ist tot, die Stimme des Löwen erloschen. Ein Mann von niederer Herkunft sitzt auf seinem Thron, in seinem Kopf spuken böse Gedanken, die Gedanken von Fremden. Er sät Gewalt, und der Tod hält reiche Ernte. Angst und Blindheit lassen den Sohn den Vater, die Tochter die Mutter, den Schüler den Lehrer verraten. Wir leben in einer neuen Zeit, es zählt nicht mehr, was einmal war."

„Du weißt nicht, was Du sagst, Alter". Ein glattgesichtiger Mann sprang aus der Gruppe der jungen Leute vor und seine mandelförmig geschnittenen Augen glänzten. „Ja, wir leben in einer neuen Zeit, doch freut Euch mit mir, daß es so ist. Was hat Euch die Vergangenheit gebracht? Nichts! Nichts als Armut und Leid, Ausbeutung und Fronarbeit. Ihr habt geschuftet und andere haben verdient. Nie wieder sollt Ihr Leuten, die sich Eure Herren nennen, die Füße zur Begrüßung waschen müssen." „Es ist wahr", schrie einer aus der Menge, „wir waren den Landbesitzern ausgeliefert, und sie haben uns ausgequetscht wie die Wanzen. Aber was ist heute? Wir sind Euch ausgeliefert. Ihr seid hier, um uns Lesen und Schreiben zu lehren. Notfalls mit Gewalt. Obwohl Eure Sprache nicht die unsere ist. Wir haben auch Euch nicht gewollt, Ihr stehlt unsere Zeit."

„Helfen uns Eure Buchstaben bei der Ernte und dem Viehhüten? Oder vertreiben sie etwa die Heuschrecken?", ergänzte ein anderer.

„Hütet Eure Zungen", warnte der Junge scharf, „Wir bringen Euch den Fortschritt, ob Ihr ihn wollt oder nicht. Die Zeit ist reif. Glaubt Ihr wirklich, der deptera kann die Heuschrecken vertreiben? Er, ein Mann der Kirche? Spricht er Eure Sprache? War er nicht Kumpan der Landbesitzer?"

Der Zwischenrufer starrte zu den Bergen und murmelte: „Wir wissen, wer er ist. Aber er hat uns schon einmal geholfen. Damals war sein Bart noch schwarz und sein Gang fest, und er bezwang den Wind aus dem Osten. Der drehte sich und die Heuschrecken blieben aus."

„Der Wind? Pah, der folgt anderen Gesetzen und nicht dem Stammeln eines Greises."

„Geh, laß uns allein. Du kannst uns nicht helfen. Der deptera will es tun."

Der Bauer zitterte unvermittelt, erschrak über seinen eigenen Mut, doch die Angst vor dem Hunger, diesem bohrenden Schmerz in den Gedärmen, war für Momente stärker als die Angst vor der Macht des Jungen. Im Nachbardorf waren den Lernunwilligen die Hütten über den Köpfen angezündet worden.

Der Junge lächelte spöttisch. „Du willst mir das Zuschauen bei einem Wunder verwehren?" Er ahnte die Gedanken des Bauern. „Du wirst bald merken, was mehr zählt. Ein Heuschreckenschwarm, der kommt und geht, oder eine Revolution, die alles auf ewig verändert." Verteidigend bleckte der Bauer die Zähne: „Weißt Du, was dieser Heuschreckenschwarm für uns bedeutet? Nach der Dürre der letzten Jahre? Hast Du schon einmal den Hunger gefühlt? Du bist keiner von uns, Du bist ein Stadtmensch, Du hast genauso wenig Verständnis für uns wie die, die Ihr abgelöst habt."

Der deptera stöhnte, stützte sich auf seinen glatten Stock, dessen silberner, kreuzesähnlicher Kopf matt in der Sonne schimmerte und sagte: „Ewig ist nur Gott. Eine Revolution, Eure Revolution, die das Töten lehrt, kann niemals ewig sein. Sie ist eine Ausgeburt der Hölle."

„Was redest Du für einen Unsinn, Alter", schrie der Junge, „ist etwa früher in diesem Land nie getötet worden? Um der Macht willen, für Reichtum und Besitz, für den Streit im Glauben? Alles hat seinen Preis und ..." er stockte und blickte sich mit herabhängenden Mundwinkeln um, „und war nicht auch in der Vergangenheit Blut ein guter Dünger für das Kommende?"

Entsetzt steckten die Dorfbewohner die Köpfe zusammen, sie rissen die Augen auf und ihre Lippen formten unhörbare Worte. „Geh!", die heisere Stimme des deptera war voller plötzlichen Aufruhrs, „geh!"

„Nur für diesen Augenblick. Wir sind hier und wir bleiben hier. Das kann niemand verhindern. Die Heuschrecken laß ich Dir, Zauberer, aber der Rest gehört uns. Und vergiß nicht: wer nicht für uns ist, der ist gegen uns. Das hat auch Dein Jesus Christus gesagt."

Der Junge beschrieb weitausholend und besitzergreifend einen Kreis, warf seine Jeansjacke über die Schultern, nickte seinen Begleitern zu und sie gingen zu einem nahegelegenen Lehmhaus. „Amhara*", zischte ein Mann und verbarg eilig sein Gesicht hinter seiner Schama (Gewand).

Es war mittags und heiß und über den Feldern und Weiden flirrte die Luft. Schweigend hockten die Bauern vor dem deptera. Fliegen umschwirrten sie im unsteten Flug. Im Dorf lachten spielende Kinder. Ein Esel mit wundgescheuertem Rücken näherte sich den Bauern, fand den Schatten unter dem verkrüppelten Baum besetzt, blieb stehen und scharrte unschlüssig im Sand. Ein Bauer erhob sich, schlug mit seinem Stecken auf des Esels Hinterteil und der galoppierte wehklagend davon.

Der Junge, der ein Kader war, lehnte mit seinen Leuten an der rauhen Wand des Hauses und blinzelte hinüber zu der kleinen Versammlung.

„Ich habe den Kaiser einmal von ganz nah gesehen", sagte er zu seinen Leuten, „und wißt Ihr, wann das war? Während der großen Hungersnot. Der Kaiser irrte durch die Straßen von Addis

---

* „Amharen": Äthiopischer Stamm

und warf Geld unter die Leute. Und ich hab' welche gesehen, die haben sich umgedreht und das Geld nicht genommen. Er war schon längst ein Kaiser ohne Volk, eigentlich ein Bettler. Ein kleiner, vertrockneter Greis. Einer von vielen. Helfen? Mit seinem fauligen korrupten System? Nein, helfen konnte er nicht. Und das kann der da drüben auch nicht. Aber laßt diese Gallas* ruhig an den Zauber glauben."

Er spuckte auf einen vorbeihastenden Käfer und traf ihn mitten auf den schillernden Rücken.

„Wenn die Heuschrecken hier gewesen sind und alles kahl gefressen haben", fuhr er fort, „werden sie schon zu uns kommen. Werden uns um Nahrung anbetteln und den Alten vergessen. Wir werden ihnen helfen, vielleicht kann die Regierung sie auch umsiedeln. Zur Feldarbeit im Süden. Dort werden Leute benötigt. In jedem Fall werden wir hier unsere Arbeit, unsere Aktion erfolgreich beenden. Auf die eine oder andere Weise. Oder?"

Niemand widersprach. Etliche hatten ihre anfängliche Begeisterung über die Zemecha, die Alphabetisierungskampagne, verloren. Die Ablehnung durch die Bauern hatte sie enttäuscht, die Gewaltanwendung der Kader sie verstört.

„Ethiopia tikdem, Äthiopien zuerst!", rief der Junge und stieß seine rechte Faust in die Luft.

„Tikdem", murmelte der Chor der anderen. Es klang sehr müde. Der Junge zog eine Pistole aus der Tasche, ließ das Magazin aus dem Griff springen, zählte sorgsam die Patronen und stieß es befriedigt zurück.

„Man kann nie wissen", sagte er.

Noch immer stumm hockten die Bauern auf ihren Fersen und starrten voller Erwartung auf den deptera. Der verharrte grübelnd, und die Falten seines Gesichtes schnitten tiefer ein als zuvor. Ich muß es versuchen, hämmerte es hinter seiner Stirn. Der Löwe ist tot, aber ist seine Macht wirklich gebrochen?

„Ich bin nicht sicher", flüsterte er in die Stille hinein. Der Älteste der Bauern räusperte sich.

---

* „Galla": Amharische Bezeichnung für den Stamm der Oromo.

,,Wir bitten Dich! Du mußt es tun! Für uns! Hier, diese beiden fetten Hammel, sie sollen Dir gehören.''
Er zerrte zwei Schafe vor den deptera. Durch die staubige Wolle stachen die Rippenbogen.
,,Die Zweifel bleiben'', sagte der deptera.
,,Noch, noch einen dritten...?''
,,Nein, das ist es nicht. Seht in diesem Buch steht der Bann geschrieben.'' Der deptera blätterte in vergilbten Seiten.

,,Es steht geschrieben: Im Namen unseres Kaisers Haile Selassie. Und Ihr wißt, wir leben in einer neuen Zeit. Sagt mir, in wessen Namen soll ich zu Gott beten? In wessen Namen die Heuschrekken verbannen? Im Namen dieses Emporkömmlings, der getötet hat, um zu regieren? Oder im Namen des Kaisers, der nicht mehr ist? Die Bauern kratzten mit den brüchigen Nägeln ihrer Hände an den Köpfen, hakten ihre Finger in krause Bärte.

Der deptera legte den Kopf in den Nacken. Betete um Erleuchtung. Verschloß vor der gleißenden Sonne die Augen. Feurige Punkte und Ringe tanzten hinter seinen Lidern und vereinigten sich zu einem runden Ball. Die Erinnerung durchzuckte ihn, und sein Gesicht entspannte sich.

,,Ich werde es tun'', sagte er und der Ball vor seinen Augen wuchs ständig, wechselte die Farben und zerplatzte.

Die Bauern rissen die Arme hoch, schrien jubelnd durcheinander, einige küßten dem deptera die Hände.
,,Er wird es tun, er wird es tun. Wir sind gerettet.''
,,Erinnert Euch'', rief der deptera in den Tumult hinein, und die Rufe verebbten, ,,wir haben die Antwort, die ich suchte, bereits erhalten. Vor Monaten. Denkt an den Tag, an dem die Sonne sich verdunkelte und um sie herum ein Kreis entstand.''
Ein Raunen ging von den Bauern aus und dann sagte einer von ihnen laut: ,,Das Auge Haile Selassie's.''
,,Ja, das Auge Haile Selassie's. Das ist die Antwort. Kommt, gebt mir eine Hütte. Ich werde zur Reinigung fasten. Bringt mir einmal am Tag Milch mit Kräutern und etwas Honig. Und fangt die Vorboten, die Späher des Schwarms. Und... und bindet die Hammel vor meiner Hütte an. Bringt ihnen Futter.''

Er ging hinkend voraus.

„Das Auge Haile Selassie's, das gab es schon einmal, vor vielen Jahren", sagte einer der Bauern, „mein Vater erzählte davon, nur nannten sie es anders, ich weiß nicht mehr wie."

„Und was geschah?"

„Ein großes Unglück! Die Italiener kamen und nahmen Rache für ihre Niederlage bei Adowa."

Schon nach zwei Tagen holten die Bauern den deptera.

„Wir haben neue Nachrichten, der Schwarm ist nicht mehr weit." Es war spät am Nachmittag, die Sonne schien schräg gegen die Berge, die abgestandene Hitze weckte die Sehnsucht nach der klaren Luft des Morgens.

Die Bauern reichten dem deptera einen verknoteten Fetzen Tuch, in dessen Innern träge Bewegungen spürbar wurden. Vorsichtig öffnete der deptera einen Knoten, nahm drei der Heuschrecken heraus, zog den Knoten wieder zu und gab das Bündel einem Bauern. „Du bist der Besitzer des schnellsten Pferdes?", fragte er. „Ja, es ist das einzige im Dorf."

„Dann höre. Nimm diesen Beutel, und wenn der Schwarm nicht weichen sollte, spring auf Dein Pferd und reite davon. So schnell Du kannst. Und der Schwarm wird Dir folgen, weil Du seine Kundschafter mit Dir trägst."

Der Bauer nickte zustimmend und verbarg das Bündel in seiner Schama.

Alles Reden verebbte, und die Bauern schlossen den Ring um den deptera. Sie hockten unbeweglich, doch voller Hoffnung. In der Hand des deptera mahnten zwickend und zuckend die Heuschrecken. Seine Schläfen pochten, und Schweißtropfen perlten über seine Stirn. Das Auge Haile Selassie's, dachte er und trotzdem: war es wirklich ein Zeichen?

Mit zitternden Händen führte er die Heuschrecken an seine borkigen Lippen, hauchte sie an und gab ihnen Namen. Sein Atem verstärkte die Unruhe der Tiere. Das Gefängnis aus gespreizten Fingern schrumpfte. Der deptera schlug das Buch auf und las mit trockenem Mund: „Schließt Eure Münder, Heuschrecken, sie sollen hart und unbrauchbar werden! Freßt nicht mehr! Flieht aus diesem Land. Es ist die Zeit unseres mächtigen

Kaisers..." Er stockte und sah auf die Bauern und er entnahm ihren Blicken, was sie dachten. Du bist ein gelehrter Mann, deptera, Du mußt wissen, was Du tust. Aber Du bist unsere letzte Hoffnung. Der deptera versuchte vergeblich, mit spitzer Zunge die Lippen zu befeuchten. Kaum hörbar krächzte er: „Es ist die Zeit unseres mächtigen Kaisers Haile Selassie. Khid! Geht! Verschwindet!"

Die Finger seiner Hand bogen sich auf, und die drei Heuschrecken flogen mit sirrenden Flügeln davon.

Am nächsten Morgen wehte der Wind, der vom Roten Meer kam, einen Schleier über den Horizont und blies ihn zu einer Wolke auf, die über dem Tal zerfiel.

„Heuschrecken! Rettet, was zu retten ist", brüllten die Bauern und alles Volk rannte wild um sich schlagend zu den Feldern, und unter den Füßen knackte und knirschte es.

Sie hieben mit Ruten und Grasbüscheln in den Schwarm, droschen auf leere Fässer und Kanister, warfen verzweifelt Steine in Bäume und Büsche, und vergebens jagte der Bauer mit dem einzigen Pferd davon.

Es war eine Schlacht mit vorbestimmtem Ausgang.
Die Heuschrecken kämpften auf überfüllten Pflanzen um die besten Futterplätze, fraßen unaufhörlich und hinterließen kahles Land. Der Junge, der ein Kader war, flüchtete in das Haus, und die Heuschrecken krochen durch Risse und Löcher, und er wickelte sich fest in eine Schama und keuchte: „Ein Flugzeug, ein Flugzeug mit einer Ladung Gift." Doch die Regierung hatte in Eritrea eine Offensive begonnen, und es gab keine Flugzeuge und die Heuschrecken hatten ungestört brüten können.

Der deptera griff inmitten dieses Wirrwars nach den Stricken, die um die Hälse seiner Hammel gebunden waren, zog die bockenden und blökenden Tiere davon, und am Rande des Dorfes wandte er sich um und schrie: „Verflucht sollst Du sein, neue Blume (Addis Abeba), und die, die Dich beherrschen."

Er schleuderte sein Buch nach den Heuschrecken und ein starker Wind kam auf und erfaßte die losen Seiten und verstreute sie über das ganze Tal.

1.
Geiselnahme

„Das Licht, Abebe, Du mußt die neue Glühbirne in die Lampe einsetzen", mahnte Tsehay ihren Sohn, „es wird gleich dunkel."
„In welche Lampe?" antwortete Abebe unwillig.
„Das weißt Du doch, die Lampe vor dem Haus, über der Tür."
„Die ist sowieso jeden zweiten Tag kaputt."
„Aber es ist eine Anordnung des Kebele (Stadtteilgenossenschaft) und wird jeden Abend kontrolliert. Jetzt mach schon."
„Anordnung! Ja, aber auf unsere Kosten. Sie ordnen an und Du mußt zahlen. Ist es ihnen nachts zu dunkel, müssen wir das Licht installieren und für die Kosten aufkommen. Ordnen sie eine Demonstration an und Du kommst nicht, mußt Du zahlen. Hat Dich schon einmal einer von denen gefragt, was Dir nützt? Niemals. Aber sie können bei diesem Licht besser auf Menschenjagd gehen", stichelte Abebe.
„Sei still, Du bist noch ein Kind. Oder willst Du etwa, daß die Leute vom Kebele auch Dich holen? Immerhin ist es nachts ruhiger geworden, seitdem wir diese Lichter an den Häusern haben. Und die Schmierereien an den Wänden haben aufgehört."
„Ach, Mutter", sagte Abebe und dachte: wie sie spricht! Dabei hat auch sie zustimmend genickt, heimlich zwar, aber immerhin, wenn am morgen überall 'Tod Mengistou' zu lesen war. Bis zu dem Tag, an dem Assefa erschossen wurde. Weil er seinen räudigen Hund, einen Bastard, Mengistou getauft hatte. Und Assefa war ein alter Bekannter gewesen. Und ruhiger ist es nachts auch

nicht geworden. Die Schießereien haben nachgelassen, doch dafür werden ständig die Häuser durchsucht.
 Abebe kramte in einem Karton und fand eine Schachtel. Er riß sie auf und zog eine Glühbirne heraus. Prüfend schüttelte er den Glaskolben an seinem Ohr, der feine Draht im Innern sang und Abebe nickte befriedigt.
 Er schloß seine Jacke Es war kalt, es hatte stark geregnet, das Wasser hatte hier und da einen Weg durch das rostige Wellblechdach gefunden und war in Rinnsalen die lehmigen Wände hinuntergelaufen. Die Zeitungen, mit denen die rauhe Oberfläche halbhoch beklebt worden war, warfen Blasen.

Draußen versackte der Tag in Nebel und Rauch, und die vor Nässe triefenden Eukalyptuswälder auf den Hängen des Entoto verschmolzen mit der Dämmerung. Ein Regenloch, dieses Addis Abeba. Abebe balancierte auf einem wackligen Hocker, und bald glänzten die runden Steine vor dem Haus im dunstigen Licht der Lampe.
 Abebe sah den Weg entlang, und überall flackerte der Schein von nackten Glühbirnen vor den Häusern, tanzten unstete Schatten über Wände und Dächer. Kläffende Hunde jagten einander durch die Gassen. Steinwürfe trieben sie weiter, sie platschten in Pfützen und schlitterten über schlammige Erde.
 Ein Junge rannte den Weg hinunter.
 ,,Tena yestilign. Endemin allu? Hallo, wie geh es Dir?", rief er mit fliegendem Atem.
 ,,Hallo, wie geht es Dir, Teodros?", grüßte Abebe zurück, ,,ah, gut, wie ich sehe." Dabei wies er auf ein Huhn, das kopfabwärts und mit hängenden Flügeln in der Hand von Teodros baumelte.
 ,,Ihr feiert ein Fest?"
 ,,Yellem, nein, kein Fest. Es war nur großes Glück", lachte der Junge, der so alt wie Abebe war. Vierzehn Jahre. Sie hatten für einige Zeit gemeinsam die Klasse einer Schule besucht, die in der Nähe gebaut worden war, wellblechumzäunt und mit dem schlanken Stamm eines Eukalyptusbaumes als Fahnenstange.
 Teodros kam einen Schritt näher und flüsterte: ,,Hast Du schon gehört?"
 ,,Gehört? Was?"

„Ein Gerücht, aber es scheint zu stimmen. Die Polizei hat ein großes Versteck der EPRP* (Widerstandsbewegung) gefunden. Am Entoto."

„Ein Versteck?"

„Ja, ein richtiges Lager. Vollgestopft mit Waffen, Plakaten, Abzugsgeräten und so ein Zeug."

„Für ein Gerücht kennst Du viele Einzelheiten", stellte Abebe mit leisem Mißtrauen fest, „ich habe mit solchen Sachen nichts zu tun."

„Das habe ich auch nicht gesagt. Ich erzähle es Dir nur so. Ach, und noch etwas. Angeblich ist Dein Bruder gesehen worden."

„Worku?"

„Ja, Dein Bruder Worku."

„Er ist schon lange weg, seit Monaten in Debre Markos. Wer will ihn denn gesehen haben?", fragte Abebe hastig.

„Wolde vom Kebele."

„Der Wächter, der Alte?"

„Genau der. Aber was ist, warum zitterst Du?"

„Mir... mir ist nur kalt. Dieser Regen", stammelte Abebe. Der alte Wolde, der hatte Worku schon als Baby gekannt. Wie ihn, Abebe, auch. „Ich gehe jetzt lieber", sagte Teodros, „vielleicht beginnt es wieder zu regnen. Da ist man besser zu Haus. Dehna ideru, gute Nacht." Die Sandalen des Jungen klatschten auf glatten Steinen. Abebe ging in das Haus zurück und fiel auf sein Bett. Worku, dachte er, bist Du wirklich zurückgekommen? Geh, flieh, sie werden Dich sonst finden, so oder so, und dann... Er kroch fröstelnd zwischen die fleckigen Decken. Ob er Mutter das erzählen sollte? Er rutschte mit dem Kopf unter die Decke. Nein, es war besser nichts zu sagen.

Wie so oft, lag Tsehay auch in dieser Nacht wach. Sie war eine verbrauchte Frau. Irgendwann war ihr Schlaf geflohen, einem aufgescheuchten Vogel gleich war er auf und davon und nicht mehr zurückgekehrt. Vielleicht war er mit den großen Vogelschwärmen gezogen, die in ständigem Auf und Ab

---

* „EPRP" „Ethopian Peoples' Revolutionary Party"
   (Sozialistische Oppositionsgruppe)

in die Ferne flogen, in Länder, deren Name Tsehay nicht kannte und über deren Existenz sie nur eine schwache Gewißheit hatte. Irgendwo dort, wo die Wolken geboren wurden und wieder zerstoben, irgendwo dort, grübelte sie mitunter schlaflos.

Sie lauschte den Geräuschen der Nacht, die ihr von jeher vertraut waren. Dem Rufen und Kichern der Hyänen, dem an- und abschwellenden Jaulen der Hunde, dem kümmerlichen Plätschern des Flusses in der Trockenzeit und dem gewaltigen Rauschen der endlosen Wasser in der Regenzeit, dem Raunen des Windes, der trockenes Geäst durch die Straßen trieb. Dem schrillen Klagen einer Frau, dem Wimmern eines Kindes, dem einzelnen Schuß in die Luft, mit dem jemand vermeintliche Einbrecher vertrieb. Sie hörte Abebe's unruhigen Schlaf und verglich ihn mit dem ihres Mannes, der schon lange in der roten Erde lag. So lange schon, daß sie ihre knotigen Finger zum Zählen der Jahre zu Hilfe nehmen mußte. Er war ein großer, starker Mann gewesen, ein guter Mann, der sie nur wenig geschlagen und immer versorgt hatte. Er war ein kaiserlicher Leibgardist gewesen, und der Aufstand der Leibgarde hatte ihm eine häßliche Wunde in der Brust und Siechtum und Tod gebracht, und er war mit dem ersten Atemzug Abebe's gestorben, dem letzten von sechs Kindern, die sie aus ihrem ausgemergelten Körper gepreßt hatte.

Das Leben ist voller Rätsel, dachte sie, es kommt und geht in einem Atemzug, und sie schreckte plötzlich auf. Die nächtliche Ausgangssperre hatte längst begonnen, doch schwere Motoren heulten, Lastwagen näherten sich mit rutschenden Reifen, die blecherne Stimme eines Lautsprechers rief Befehle.

,,Abebe'', rief Tsehay und ihr Herz tobte, ,,hörst Du?''

,,Ja, das ist in unserem Kebele.''

,,Ob sie schon wieder die Häuser kontrollieren, es ist doch erst Tage her...'' Sie tastete zur Tür, der rostige Riegel saß fest in seiner Führung.

,,Mach kein Licht'', flüsterte sie in atemloser Spannung, ,,und rühr Dich nicht vom Fleck, wenn es klopft. Ich werde öffnen. Von einer alten Frau werden sie nichts wollen und weitergehen.'' Abebe lag steif und stumm. Das Lager am Entoto. Hatte Teodros ihn vor einer Aktion des Kebele warnen wollen? War alles Zufall? Und warum immer in ihrem Kebele, ganz Addis war in Wohnbezirke aufgeteilt worden.

Dumpf hämmerten Gewehrkolben an verschlossene Türen, splitternd barst Holz, Wellblech fiel scheppernd, scharfe Rufe mischten sich mit hilflosem Jammern, irgendwo polterten Möbel, ein beiseite geschleuderter Tisch oder ein suchend umgestürztes Bett. Ein Mann schrie und in seiner Stimme schwangen Angst und Wut, jemand rannte keuchend am Haus vorbei, gefolgt von heftigem Fußgetrappel. Unvermittelt war es still, Tsehay und Abebe hörten ein metallisches Klikken, Schüsse krachten und ein endloser, spitzer Schrei schloß sich an. Aber das Fallen eines Körpers, Abebe fuhr hoch, wo blieb der Fall?

Es dröhnte an der Tür.

,,Mach auf, Tsehay, wir wissen, daß Du drin bist.''

Tsehay verkrampfte die Hände über ihrer welken Brust.

,,Na los, mach schon, wir warten nicht.''

Sie schob den Riegel zurück, die Tür flog auf.

,,Licht!''

Mit steifen Fingern ertastete Tsehay den Schalter. Im Türrahmen stand ein sebanjah (Wächter) vom Kebele, ein Tuch zum Schutz gegen Regen und Kälte um den Kopf gewickelt, eine Maschinenpistole quer über die Brust gehängt. Er trug Zivilkleidung, die Hosenbeine steckten in den offenen Schächten lehmverschmierter Stiefel. Tsehay starrte ihn an.

,,Was wollt Ihr von mir, ich bin eine alte Frau!'', rief sie.

,,Wo ist Worku?''

,,Worku?'' Ungläubig weitete Tsehay die Augen.

,,Du hörst richtig. Wir suchen Worku bei Dir.''

,,Der ist seit Monaten weg, verschwunden, nach Norden, nach Süden, ich weiß nicht wohin.''

,,So? Verschwunden? Und Du weißt nicht wohin? Belügst Du mich etwa oder macht Dir der Schuft etwas vor?''

,,Ich? Lügen? Er ist wirklich nicht hier'', stammelte Tsehay.

,,Und ob er das ist. Vielleicht nicht in Deinem Haus, aber in Addis. Er ist gesehen worden.''

,,Unmöglich, nicht Worku, er würde erst zu mir kommen."
,,Darum sind wir hier. Los, suchen wir."
Der Mann schob Tsehay aus dem Weg und winkte. Zwei Uniformierte traten ein, die Schirmmützen tief in das Gesicht gezogen, das Gewehr in der rechten Faust.

Der Lichtkreis einer Taschenlampe huschte über Winkel und Ecken, glitt unter Tisch und Bett, tastete über die zerknüllten Decken auf Abebe's Schlafstätte und erlosch.

,,Das ist doch Abebe, Dein Jüngster", freute sich der Mann und fegte mit dem Stiefel die Decken auf den Boden.

,,Natürlich ist er das. Als gut erzogenes Kind ist er, wo er um diese Zeit sein muß. Im Haus seiner Mutter.", erklärte Tsehay und schob sich zwischen den sebanjah und Abebe. Sie schluckte und eine plötzliche Ahnung überkam sie. Nein, das konnten sie, das würden sie nicht tun.

,,So, so, im Hause seiner Mutter", sagte der Mann und schnalzte mit der Zunge, ,,genau dort, wo Worku nicht ist. Los", brüllte er zu Abebe, ,,steh auf. Du kommst mit."

,,Halt, nein, das geht nicht. Das darf nicht sein. Er ist noch ein Kind, so jung. Und er hat nichts getan." Tsehay stürzte mit ausgebreiteten Armen auf Abebe, erreichte ihn nicht mehr, hing im Griff der Soldaten und wußte, daß sie verloren hatte.

,,Eine Decke", würgte sie heraus, ,,er soll eine Decke mitnehmen. Es... es soll kalt sein in Euren Gefängnissen."

,,Hab' keine Sorge", lächelte der Wächter zufrieden und hob zwei Decken auf, ,,Du bekommst ihn wieder zurück. Wenn Worku ihn ablöst. Inzwischen werden wir ihn ein wenig schulen, wird ihm gut tun, glaube mir, es ist nur zu seinem Besten."

Er warf sich eine Decke um die Schultern, drückte die andere Abebe in die Arme und zog ihn hinaus. Der folgte mit ungelenken Schritten, ein letzter Versuch zu sprechen erstickte in krampfigem Schlucken. Die Angst saß wie ein Klumpen Blei in seiner Kehle.

2.
Begegnung am Morgen

Wie immer verließ Thomas Danner im Morgengrauen das Haus. Der große Schäferhund sprang mit langen Sätzen quer durch den Garten über das kurzgeschnittene Gras und stupste ihn schwanzwedelnd mit feuchter Nase.

,,Wie geht es, alter Freund?", begrüßte Danner den Hund und klopfte ihm auf das Hinterteil.

Dann öffnete er das Tor, der Wächter des Hauses hielt den winselnden Hund zurück, und ging über eine betaute Wiese zu einem breitgetretenen Pfad. Er trug einen Trainingsanzug und Sportschuhe und fiel fröstelnd in einen gemächlichen Trab.

Die Sonne kletterte über den kahlen Gipfel des Jerra. Nebelfetzen hingen in der Luft und der Morgenwind spielte mit den schlanken Blättern der Eukalyptusbäume. Ein Esel schrie klagend dem Morgen sein erstes Leid und ein goldfarbener Schakal kreuzte hastig den Weg, blieb in sicherer Entfernung stehen, beäugte Danner und trippelte endgültig davon.

Danner atmete tief und kalte Luft biß ihm in die Augen und Schweißtropfen rieselten seine Nase entlang. Er lief auf einen lichten Eukalyptuswald zu, an dessen Rand sich eine windschiefe Hütte zwischen dünne Stämme zwängte. Drinnen brannte ein Feuer, durch das Strohdach stiegen wirbelnd Rauch und Dampf.

Der Mann mit dem zerfurchten Gesicht, den er jeden Morgen traf, kam ihm entgegen. Mit nackten Füßen huschte er fast lautlos über den Weg und trieb einen mit Holz beladenen Esel vor sich her. Danner nickte ihm schnaufend zu, und der Alte grüßte mit stummer Würde zurück.

Würde gern mehr über ihn wissen, dachte Danner, aber diese Art von Morgenbekanntschaften sind flüchtig. Er erinnerte sich an einen Läufer, dem er stets in dem Kiefernwald unweit seiner Wohnung in Deutschland begegnet war. Ein Mann in seinem Alter, der verzückt durch den Wald zu schweben schien. In eine Flanellhose gekleidet und bei Wind und Wetter mit einem bis zum Bauch geöffneten engen Hemd und umgeben von einem

Hauch Lavendel eilte er über Wege und Pfade, und insgeheim wartete Danner auf den weißbehandschuhten Butler, der auf einem Silbertablett eine gut gekühlte Flasche Schampus hinterher trug.

Aber das war schon Jahre her. Als er damals vermeintlicher Wiederholungen in seinem Leben überdrüssig und reizbar geworden war, hatte er zweierlei Dinge unternommen: er entsann sich früherer sportlicher Aktivitäten und begann jeden Tag mit einem Dauerlauf und bemühte sich um einen Umweltwechsel, der die verloren geglaubte Lust am Reisen wecken sollte. Er beantragte eine Beurlaubung aus dem Landesschuldienst und eine Vermittlung an eine deutsche Schule im Ausland. Glück und unerwartete Fürsprache verschafften ihm die Stelle des Schulleiters an der deutschen Schule Addis Abeba, und so war er vor knapp fünf Jahren in dieses Land Äthiopien gekommen.

Schon die Übersiedlung war der Beginn einer Umstellung besonderer Art gewesen. Die Familie Danner vertauschte ihre vierzimmrige Standardwohnung aus dem Hochhaus einer Satellitenstadt mit einem massiven, siebenzimmrigen Haus, das von tausend Quadratmeter Garten umgeben war. Statt eines Autos besaßen sie jetzt zwei, und auf das Wort von Thomas und Bettina Danner hörten jetzt ein Gärtner, ein Hausmädchen und ein Nachtwächter. Und Thomas Danner regierte eine Schule. Aus dem Mitglied eines Lehrerkollegiums war der Vorsitzende eines anderen geworden. Zwei stellvertretende Schulleiter arbeiteten ihm zu, und schon bei seinem Eintreffen galt er als geachteter Mann. Der Leiter einer deutschen Schule im Ausland spielt in der jeweiligen deutschen Kolonie eine nicht zu unterschätzende Rolle, die es mitunter auch zu hofieren gilt.

Unabhängig von den geistigen Fähigkeiten ihrer Kinder legen viele Eltern darauf Wert, daß ihre Kinder in der Oberstufe als gymnasial eingestuft werden. Wer kann es sich in diesen Fällen erlauben, den Leiter der Schule zu übersehen?

Bettina Danner mußte in Konsequenz dieser örtlichen Veränderung ihren Beruf aufgeben. Sie war Rechtsanwältin und hatte mit Erfolg in einer aufstrebenden Anwaltspraxis gearbeitet.

Nach anfänglichem Genuß des Nichtstuns hatte sie bald gähnende Langeweile überfallen. Im Gegensatz zu ihrem Mann mußte sie in wichtigen Bereichen ihres Lebens völlige Neuorientierungen vornehmen. Aber sie war eine flexible Frau, und sie schaffte es. Die ehrenamtliche Mitarbeit in einem Waisenhaus, das von indischen Schwestern betreut wurde, ihre Hobbys und nicht zuletzt der mercato, der von pulsierendem Leben strotzende Markt Addis Abeba's waren hilfreiche Stützen.

Und für ihre Kinder Benjamin und Sabine entwickelte sich der Aufenthalt zum Abenteuer überhaupt, auch wenn es ein äußerst behütetes war.

Immer häufiger und mit langsam steigendem Unbehagen dachte Thomas Danner daran, daß ihm wohl nur noch zwei Jahre in Addis Abeba verblieben. Beurlaubungen aus dem Landesschuldienst hatten den Nachteil, daß sie irgendwann zu Ende gingen. Sein verwaister Stuhl im alten Kollegium geisterte durch seine Träume, seine anfänglichen Scherze über den Schritt zurück ins Glied wurden seltener und klangen immer ernster.

Auf seine Art hatte er dieses widersprüchliche Land lieben gelernt, die unsichtbare europäische Brille, durch die er Land und Leute betrachtete, dämpfte oft einem Sonnenschutz gleich die Realität dieses Landes, das für ein Jahrtausend einer riesigen, uneinnehmbaren Festung geglichen und das sich erst um die Jahrhundertwende erkennbarer zu öffnen begonnen hatte und in welchem in langen Zeiträumen gewachsene Traditionen und unterschiedliche Volksstämme jetzt auf eine Revolution prallten, die von vielen gewollt war, aber deren Eigengesetzlichkeit ihren Anführern aus den Händen zu gleiten drohte.

Nur noch verstreut wuchsen jetzt Bäume, und Danner rannte einen flachen Hang hinauf und empfand ein beglückendes Gefühl, als er die Steigung überwand. Er drehte eine Ehrenrunde und erkannte den nicht mehr weit entfernten Flughafen. Da standen die Flugzeuge mit dem brüllenden äthiopischen Löwen auf dem Rumpf und weiter hinten warteten die russischen Anatov's. Vor kurzem war einer der schweren Transporter beim Landeanflug nach dem Aufsetzen von der Bahn gerutscht, der

Bug hatte sich ins Gras gebohrt und der Schwanz sich hilflos in die Höhe gereckt.

Russen und Äthiopier hatten einen Streit begonnen, wer die Maschine bergen und damit auch betreten dürfe, und der Flugverkehr und die Luftbrücke, die Waffen aus der UdSSR brachte, war für kurze Zeit unterbrochen worden. Danner lächelte keuchend. Sabotage in Äthiopien. Auf dem Rückweg hörte er das Dröhnen der ersten startenden Maschine. Eine kleine DC 3 gewann langsam und schwerfällig an Höhe, beschrieb silbrig glänzend eine Schleife und verschwand hinter den Bergen.

Als Danner sich schweißüberströmt seinem Haus näherte, bemerkte er vor dem Haus des Nachbarn einen Mann in olivgrüner Kleidung. Ein Soldat? Um diese Zeit? Vielleicht einer, der dem allgemeinen Brauch folgte, dort zu urinieren, wo es ihn gerade überkam?

Die Entfernung schrumpfte, die Gestalt des Mannes gewann an Schärfe. Über seiner Schulter hing ein Gewehr und vor ihm lag etwas auf der Erde. Danner vermutete ein Bündel Kleidung. Im Tor von Danner's Haus stand der Gärtner Assefa. Er winkte verstohlen, gab Zeichen. Vorsicht, deutete Danner, aber warum Vorsicht? Da steht einer mit 'nem Gewehr, aber das ist nichts Neues, und außerdem wird er nicht gleich schießen, schließlich benötigt er die Hände für etwas anderes.

Er erreichte das vermeintliche Bündel und erstarrte. Vor ihm lag, Hände und Füße weit ausgebreitet, eine Leiche. Ein Junge, vielleicht fünfzehn Jahre alt, schätzte er bestürzt. Den Bauch des Toten bedeckte ein an den Ecken mit Steinen beschwertes Plakat, das mit amharischen Buchstaben bemalt war. Oberhalb des Plakates sickerte aus drei kleinen Löchern Blut. „Assefa komm her", rief Danner fassungslos. Er hatte schon in den Straßen der Stadt Tote liegen sehen, war im sicheren Käfig seines Autos an ihnen vorbei gefahren, trotz abrupter Rücknahme der Geschwindigkeit hatte er nie Einzelheiten wahrnehmen können. Doch jetzt, praktisch vor seinem Haus und dann dieser Kerl mit dem Gewehr! Er schüttelte den Kopf und wiederholte: „Komm, Assefa."

Assefa näherte sich mit zögernden Schritten. Sein Herr benahm sich seltsam, der Geruch des Todes schien ihm fremd zu sein.
„Was steht da geschrieben, Assefa?", fragte Danner.
„Der rote Terror wird den weißen Terror vernichten", buchstabierte Assefa leise und schielte zu dem Wächter. Es wäre besser für seinen Herrn, wenn er in das Haus ginge. An einem solchen Ort stellte man keine Fragen.
„Wer ist der rote Terror? fragte Danner weiter.
„Das, das ist die Regierung, die damit ihre Gegner bekämpft."
„Und die sind der weiße Terror. Das ist wohl eine Erfindung Eures neuen Bürgermeisters von Addis, Dr..."
„Bitte, keine Namen", unterbrach ihn Assefa hastig.

„Schon gut. Und was soll der Mann mit dem Gewehr? Hat er den Jungen erschossen?", Danner wies verstohlen mit dem Kopf auf die Gestalt in dem verschlissenen Militärmantel.

„Ihn erschossen? Nein, ich weiß es nicht." Assefa zuckte mit den Schultern. „Aber er bewacht die Leiche."

„Er bewacht den toten Jungen?", Danner drehte sich zu dem Wächter um, der gelangweilt mit einem faserigen Zweig zwischen seinen Zähnen stocherte.

„Ja, er bewacht ihn. Damit die Angehörigen nicht heimlich die Leiche wegbringen. Außerdem sollen diese Toten die Lebenden warnen."

Danner beugte sich über den Jungen und Schweiß tropfte von seiner Stirn und rann wie eine Träne über das verzerrte Gesicht. Die Augen, dachte er, wenigstens die Augen hätten sie ihm schließen können, und er senkte seine Hand über die halbgeöffneten Lider.

Er hörte eine rasche Bewegung, kalt schimmernder Stahl hielt seine Hand auf, und der Wächter sagte mit rauher Stimme: „Khid, ferenji, Khid. Geh, Fremder, geh!"

Ihr seid ja alle verrückt, wollte Danner schreien, aber der Lauf des Gewehres folgte seinem Aufspringen und er schwieg. Sein Trainingsanzug klebte nass und kalt auf seiner Haut. Er fror. „Laß uns gehen", sagte er zu Assefa und hob plötzlich die Stimme, „Aber warum, Assefa, warum?"

„Nur Gott weiß es", murmelte der Gärtner, „Gott gibt und Gott nimmt." Und sein Blick verlor sich irgendwo über dem Tal und er schwieg, als Danner fragend wiederholte: „Gott? Wessen Gott?"

Die Erregung wich nur langsam und beim Frühstück, das geräuschloser als üblich verlief, aß Danner notgedrungen. Schließlich wischte er sich mit der Serviette etwas Eigelb aus den Mundwinkeln und spülte mit heißem Kaffee nach.

„Es ist Zeit, Kinder. Holt Eure Schultaschen und dann ab". Er nickte seiner Frau zu. „Ob er noch draußen liegt? Trotz allem, wir dürfen nicht zu spät kommen, schließlich sind Ben und Sabine die Kinder des Schulleiters."

,,Mir ist im Moment nicht nach Deinen Übertreibungen zu Mute'', erwiderte Bettina, ,,aber immerhin, Schulleiter ist Schulleiter und Kind ist Kind. Da gibt es Unterschiede, welcher Schüler freut sich nicht über eine Verspätung im Unterricht? Ob der Junge vor dem Haus sich in seinem Leben auch über etwas hat freuen können?'' fügte sie nachdenklich hinzu.

Danner hob stumm die Schultern.

,,Aber es ist gut, wenn Ihr heute pünktlich geht'', fuhr Bettina fort, ,,ich muß zum Gericht, wegen der Sache mit dem Verkehrspolizisten.''

,,Hätte ich fast vergessen. Na ja, habe ich damals gleich gesagt, hättest Du auf mich gehört und sofort bezahlt, wäre Dir dieser Gang erspart geblieben.''

,,Na hör mal, schließlich habe ich recht. Die Ampel stand auf grün.''

,,Das kannst Du doch hier niemand mehr klar machen. Ein Polizist ist eine Autorität. Wir sind nicht in Deutschland. Ach, und nimm Assefa zum Dolmetschen mit.''

Sie gingen zum Auto und Ben und Sabine kletterten in den Kleinbus. Thomas Danner küßte seine Frau. ,,Viel Spaß beim Gericht.'' Er fuhr zu schnell aus dem Tor, und der Wagen sprang bockend über den steinigen Weg. Im Rückspiegel sah er, daß der Tote noch im Gras lag und eine Menge Leute um ihn herumstanden.

Die Kinder wurden im Auto hin und her geschleudert und bemerkten nichts.

In der Dessie-Straße geriet Danner in einen Stau. Eine Kuh mit mächtigen, geschwungenen Hörnern stand mit gesenktem Schädel mitten auf der Straße und blockierte den Verkehr. Sie glotzte feindselig auf die Autos, die ihr den Weg versperrten. Ein Taxifahrer sprang aus seinem blauen Fiat, dessen bessere Tage schon ein Jahrzehnt zurücklagen und schmetterte ungehalten die Tür ins Schloß. Die Heckscheibe fiel mitsamt der Dichtung aus dem Rahmen, aber unberührt hob der Fahrer einen Stein von der Straße auf und traf mit ihm die Kuh klatschend am Bauch. Sie galoppierte aufbrüllend davon.

Endlich dachte Danner. Doch nichts geriet in Bewegung. Das Palaver um die herausgefallene Heckscheibe hatte begonnen. Er scherte aus der Reihe der wartenden Fahrzeuge aus und ein Hupkonzert begleitete ihn, als er die Autos auf der Gegenfahrbahn zum Halten zwang. Schwungvoll umfuhr er den Ort der Störung, jagte davon und erst die einzige Ampel auf dem Weg zur Schule hielt ihn wieder auf.

Am Straßenrand spielten Kinder in zerlumpten Kleidern in einer Pfütze. Eine Frau, deren Haar in viele enganliegende Zöpfe geflochten war, zerrte eine Brust aus ihrem Ausschnitt und preßte sie einem strampelndem Baby an den Mund. Sie starrte auf Danner und öffnete verlangend die Hand.

Ein kleines Mädchen rannte leichtfüßig zum Auto. Aus seiner Nase rann dicker gelblicher Schleim und ein paar Fliegen hockten in seinem Haar.

„Herr", bettelte sie in einem Singsang, „gib mir Geld. Vater tot und Mutter blind, gib mir Geld."

„Ich habe kein Geld, Mutter und Vater auch schon tot", leierte Danner herunter. Derartiges hatte er bereits tausendfach erlebt.

„Gib ihr einen Simoni", bat Sabine.

„Nur einen einzigen, Papa", echote Ben.

„Das ist jeden Morgen dasselbe. Das wißt Ihr. Und wenn ich dem Mädchen etwas gebe, kommen die anderen auch. Helfen kann man woanders besser."

„Nur noch einmal, nur heute morgen", rief Ben.

„Außerdem hast Du gelogen, Papa; Oma und Opa sind doch gar nicht tot", murmelte Sabine.

Danner verfluchte die Ampel, die hartnäckig auf ihrem Rot beharrte. „Müßt Ihr immer alles so wörtlich nehmen?", sagte er nicht ohne Schärfe.

Unvermittelt sah er die gebrochenen Augen des toten Jungen vor sich.

„Na schön, meinetwegen", willigte er ein, zog eine eckige Münze aus der Tasche und warf sie dem Mädchen zu. Zielsicher schnappte sie zu und sauste mit ihrer Beute davon. Blitzartig sprangen die anderen Kinder auf und die Frau mit der Tigre-Frisur knetete heftig ihren schlaffen Busen. Aber Danner wurde erlöst.

Die Ampel schaltete auf grün, und das anfahrende Auto schob die bettelnden Hände zur Seite.

,,Papa, die Frau hatte aber ein niedliches Baby'', stellte Sabine fest.

,,Das ist nicht ihr Baby.''

,,Kennst Du die Frau?''

,,Nein, aber es ist sehr häufig, daß Mütter ihre Babys anderen Frauen geben, die dann mit dem Kleinen betteln.''

,,Das kann die Mutter doch auch.''

,,Die hat eben viele Kinder.''

,,Warum?''

,,Aber Sabine, Du weißt, daß die Leute hier oft sehr viele Kinder haben.''

,,Kriegen wir auch noch mal ein Kind?''

,,Wir sind am Ziel'', sagte Danner erleichtert und fuhr durch das weit geöffnete Schultor und parkte vor der großen Aula. Er verglich die Zeit mit der elektrischen Uhr, die im vorderen Schulhof hing. Stimmt genau. Er nickte befriedigt und drückte kurz seine beiden Kinder.

Dann eilte er die Treppe hinauf, begrüßte die Sekretärin, ging in sein geräumiges Büro und wartete auf das Klingelzeichen. In das Schrillen der Glocke hinein riß er die Tür des Lehrerzimmers auf und rief: ,,Guten Morgen, meine Damen und Herren. Das nächste Klingeln gilt bereits wieder einer Pause.''

# 3.
Das Gefängnis

Der Morgen, an dem Abebe in das Gefängnis eingeliefert wurde, begann wie jeder andere Morgen auch. Die Heerscharen der Bettler wickelten sich, vor Kälte zitternd, aus vergilbten Zeitungsfetzen und sortierten sorgsam glatt streichend die papiernen Reste. Sie krochen unter den Bänken der Bushaltestellen hervor und renkten ihre steifen Glieder. Sie blinzelten aus verquollenen Augen in den Himmel, befühlten ihre vor Hunger schmerzenden Bäuche und baten Gott oder Allah, daß er ihnen für einen weiteren Tag ihr kümmerliches Leben erhalten möge. Einige stolperten an das steinige Ufer einer Kloake, die sie Fluß nannten, schöpften mit rostigen Büchsen und tranken, um ihrem Magen ein Gefühl der Fülle zu geben. Andere wühlten in stinkenden Abfällen und fluchten, daß sie die Zweiten waren. Und dann ging ein jeder an seinen Platz.
Sie umschwärmten die Straßenkreuzungen und lauerten auf die ersten Autofahrer. Sie hockten vor Geschäften und an den Mauern der Kirche und Kasernen. Die Leprakranken hüllten ihre gesunden Körperteile in verdreckte Lappen und bettelten winkend mit den verstümmelten Gliedern. Ein Mann mit einem bis zur Unkenntlichkeit angeschwollenen Fuß stand auf einer Verkehrsinsel und schwenkte nach allen Seiten einen unförmigen Filzhut. Der Blinde mit den blutunterlaufenen Augenhöhlen und dem narbigen Gesicht wartete angestrengt lauschend, und seine tastenden Finger suchten offene Autofenster mit gebefreudigen

Fahrern. Unter dem spärlichen Schatten eines Baumes saß ein Krüppel ohne Beine und kroch auf den Händen, einem riesigen Insekt gleichend, nach ihm zugeworfenen Münzen.

Und niemand von ihnen ging ganz leer aus. Die Armen gaben den Ärmeren. Doch immer blieb es zu wenig.

Der Lastwagen mit Abebe und den anderen Gefangenen stoppte vor einem hölzernen Zaun. Hinter dem Zaun stand in der Mitte des Grundstücks ein Haus, an das seitlich ein Steinhaus angebaut worden war. Das kalkige Weiß ihrer Mauern blätterte und hinterließ dunkle Flecken. Drückte der Wind gegen das Haus aus Lehm, stöhnte und ächzte das Holz in seinen Wänden, und Sand fiel aus den Ritzen. Schlug Regen auf das Blechdach, rann Wasser in unzähligen Bächen die Wände hinunter und der Boden im Innern verwandelte sich stellenweise in einen zähen Morast.

Das Haus war ein Volksgefängnis.

Die Ladeklappe des Lastwagens knallte herunter, und die Kebelewächter trieben die Gefangenen über das Grundstück in das Haus. ,,Los, beeilt Euch. Das Haus ist zwar voll, aber Ihr werdet hineinpassen. Nun macht schon."

Sie schoben Abebe in einen Raum, der vielleicht drei mal vier Meter maß und so überfüllt war, daß die Gefangenen nur stehen konnten. Es war stickig und stank nach Schweiß und Urin.

,,Wir sortieren heute abend, dann wird es leerer", brüllte eine der Wachen.

Verwirrt bemerkte Abebe, daß alle Gefangenen zusammenrückten, um den Neuen Platz zu machen, und er zuckte erschreckt zusammen, als ihn jemand an der Schulter berührte.

,,He, Abebe, was machst Du hier in diesem Loch?", flüsterte eine Stimme in sein Ohr und Abebe drehte sich mühsam um und erkannte Tesfaye, der eigentlich mit seiner Familie ein Stück unterhalb seines Hauses wohnte.

Abebe schüttelte ratlos den Kopf. ,,Wir hatten eine Hausdurchsuchung. Ich glaube, das Kebele ist eigentlich hinter Worku her. Sie sagten, er sei in Addis. Aber meine Mutter und ich haben ihn schon seit Monaten nicht gesehen. Er müsse für eine Weile fortgehen, hat er gesagt. So haben sie mich mitgenommen, als Geisel. Wenn Worku wiederkommt, kann ich raus."

„Glaub' nicht zuviel", warnte Tesfaye, „das ist anderen auch versprochen worden und jetzt sitzt die halbe Familie hier. Du wirst sie noch sehen, wir kommen ja alle aus dem gleichen Kebele." „Ich bin müde", sagte Abebe kraftlos, „kann ich mich ein wenig hinlegen?"
„Hinlegen? Wo? Und die Nacht ist vorbei. Wir müssen gleich raus zum Exerzieren."
„Dauert das lange?", stöhnte Abebe.
„Lange genug."
„Aber dann, dann kann ich ausruhen."
„Du darfst sitzen, aber nicht ausruhen. Nach dem Exerzieren gibt es die politische Schulung."
„Geht das so den ganzen Tag?", seufzte Abebe.

„Ja, nach der Schulung müssen wir arbeiten. Den Hof säubern, Zäune reparieren, irgendwas gibt es immer für uns zu tun. Es ist gerade noch zum Aushalten, ich hab von anderen Gefängnissen gehört, in denen es für die Gefangenen schlimmer ist als hier." „Schlimmer? Ich glaube, ich halte das hier schon nicht aus. Ich bin müde, muß ausruhen, ich habe heute nacht nicht geschlafen."
„Du wirst aushalten müssen."
„Warum? Ich habe nichts getan."
„Du bist Worku's Bruder, und das ist heutzutage viel. Was sonst mit Dir ist, werden andere für Dich herausfinden, beim Verhör."
„Worku's Bruder? Immer nur Worku's Bruder, Worku's Bruder", schrie Abebe, „Worku ist weg, verschwunden, ich weiß nichts von ihm."

Ein Mann stieß die Tür auf und legte den gedrungenen Lauf einer Maschinenpistole auf seine Schulter, ein Zeigefinger lag ausgestreckt neben dem Abzugsbügel.

„Wer ist Worku's Bruder?", fragte er schneidend.
„I-c-h, i-c-h," stotterte Abebe.
„Und deswegen schreist Du schon jetzt?", lächelte der Mann eisig und schloß die Tür.

„Wer war das?", fragte Abebe schaudernd.

„Hast Du ihn nicht erkannt? Es war Nehussie, er ist einer von den Kadern, er ist politisch geschult worden. Im übrigen, alle die Maschinenpistolen tragen, sind Kader. Die Wächter haben nur Gewehre. Daher haben sie manchmal untereinander Streit. Jeder will bestimmen, was zu geschehen hat", murmelte Tesfaye.

Ein Junge mit kräftigen Schultern zog ein Stück Brot aus seiner Jackentasche und gab es Abebe.

„Da, iß! Ist schon hart, aber es wird Dir guttun."

„Igziabher yestilign, vielen Dank."

Abebe kaute mühsam und ohne Appetit an der harten Krume, ihm war, als ob ihm sein Kiefer nicht gehorche.

„Ich bin Denku", sagte der Junge, „ich kannte Deinen Bruder."

„Woher kennst Du ihn?", Abebe vermied es, den Namen auszusprechen.

„Na, wir hatten, sagen wir, wir hatten gemeinsame Geschäfte."

„Geschäfte? Was für Geschäfte?", staunte Abebe.

„Du scheinst Deinen Bruder schlecht zu kennen."

„Aber bestimmt besser als Du", wehrte sich Abebe.

„Laß ihn, siehst Du nicht, daß er ganz schwach ist?", unterbrach Tesfaye vorwurfsvoll und drängte Abebe durch die Menge der Mitgefangenen an eine Mauer.

„Ist ja auch nur ein Knochengestell", lachte Denku hinterher.

„Paß auf", flüsterte Tesfaye, „sei vorsichtig. Sprich nur mit Leuten, die Du gut kennst. Und denen Du vertraust. Aber erzähl auch denen keine Geheimnisse. Denku hat vorgestern Bekele ausgefragt, und gestern ist er abgeholt worden. Niemand weiß genau, wo er hingekommen ist. Vielleicht war es ein Zufall, vielleicht auch nicht", und sagte dann laut: „Hier ist es gut, lehn' Dich ein wenig an, mehr kann Dir im Moment nicht geboten werden."

Dankbar stützte sich Abebe an der sandigen Wand und das Zittern in seinen Beinen ließ nach.

„Ja, ist gut. Ich werde vorsichtig sein. Aber Dir, Dir kann ich vertrauen?" hauchte er fragend.

„Ja, aber vielleicht eines Tages nicht mehr." Tesfaye atmete schwer. „Irgendwann haben sie alle von uns soweit, daß jeder nur an sich denkt. Aber was ist mit Dir, was hast Du jetzt?"

Abebe war sich plötzlich seiner nach Entleerung verlangenden Blase bewußt geworden. Er rollte unruhig mit den Augen und wippte mit wackligen Knieen.

„Ich muß zur Latrine", jammerte er.

„Unser Latrinengang ist schon vorbei, wir dürfen nur einmal am Morgen und einmal am Abend", sagte Tesfaye.

„Ich muß jetzt, ich halte es nicht mehr aus."

Dann drehe Dich zur Mauer, das ist die einzige andere Möglichkeit."

„Was, in diesem Raum?", Abebe verzog das Gesicht.

„Hast Du beim Reinkommen nichts gerochen? Das machen wir alle. Du mußt Dich dran gewöhnen."

Die Wächter hatten einen Teil der Straße abgesperrt, der Asphalt bot trotz seiner Schlaglöcher bessere Exerziermöglichkeiten als der zertretene und zu kleine Innenhof. Auch bot die Straße Zuschauern die Möglichkeit, Zucht und Ordnung der Gefangenen zu bewundern.

Die Gefängnisinsassen allen Alters und Geschlechts traten in Viererreihen an, schulterten als Ersatz für Gewehre knotige Knüppel, marschierten im Gleichschritt die Straße auf und ab. Übten Bajonettangriffe und brüllten Lieder und Parolen. Die anfängliche Erschöpfung vieler wurde fortgeschrien, die Gemeinsamkeit entfachte ein Strohfeuer heftiger Begeisterung, ließ den Schweiß strömen und die Kehlen heiser werden und verdrängte für kurze Zeit die Angst vor dem Heute.

„Nieder mit der EDU*!", plärrte ein Lautsprecher.

„Nieder", wiederholte der Chor.

„Nieder mit der EPRP!"

„Nieder!"

* „EDU": Ethiopian Democratic Union
    (Oppositionsgruppe gegen eine sozialistische Revolution)

„Der rote Terror soll siegen!"
„Er soll siegen!"
„Tod der WSLF*."
„Tod Siad Barre!"
„Tod!"
Noch kämpften und starben Soldaten und Guerillas im Ogadenkrieg, dessen vordergründiges Motiv die Befreiung von etlichen tausend Quadratkilometern öder Wüste und einiger ledergesichtiger Nomaden war, für die im Frieden die von den ehemaligen Kolonialmächten gezogenen Grenzen nur auf dem Papier existierten, die mit ihren Kamelen durch den sonnendurchglühten Sand zogen und ihre Rundhütten dort aufstellten, wo es ihnen ihre armseligen Bedürfnisse geboten und die der Schlachtenlärm jetzt vertrieben hatte.

Als die politische Schulung begann, hatte die schon wärmende Sonne den aufgeweichten Boden im Hof mit einer harten Kruste überzogen. Die Gefangenen saßen mit angezogenen Knieen, die Hände vor den Beinen verschränkt, im Freien, und Abebe war froh, den Mühen der körperlichen Ertüchtigung entronnen zu sein. Die Gewißheit, daß ihn in dieser vorgeschriebenen Haltung bald der Rücken schmerzen würde, war ihm fremd.

„Für die Neuen unter Euch wiederhole ich unsere Regel: das Sprechen mit dem Nachbarn und Unaufmerksamkeit ist verboten und wird bestraft", bestimmte das unterweisende Kadermitglied. Zwei mit dicken Knüppeln bewehrte Männer schlenderten die Sitzreihen entlang.

„Ehemalige", zischte Tesfaye verstohlen.

„Wir wollen heute unsere Betrachtungen über ein weiteres Prinzip des Hibrettesebawinet (äthiopischer Sozialismus) fortsetzen, nämlich die Beseitigung von Ausbeutung und Parasitentum..." begann der Sprecher mit eintöniger Stimme, schien aus einem unsichtbaren Manuskript zu lesen, dessen geschriebenes Gegenstück in einer Schublade in der Yekatit Political School lagerte.

* „WLSF": Western Somali Liberation Front
  (Befreiungsbewegung von Somalis, die in Äthiopien leben.
  Kämpfte für den Anschluß des Ogaden an Somalia)

Abebe blinzelte schläfrig, seine Gedanken wanderten zu Worku, und die Stimme des Kaders versank in der aufsteigenden Erinnerung.
Worku. Großer, wissender Bruder. Nie um einen Ausweg verlegen. Die Reichen verabscheuen, aber sie wortreich zu monatlichen Spenden für das Studium bewegen. Steinewerfender Demonstrant und Kämpfer für ein sozialistisches Äthiopien von Anbeginn. Doch Deine Erwartungen wurden enttäuscht, schlimmer noch, Du fühltest Dich verraten. Anders ist es nicht erklärbar: Dein zusammengekniffener Mund und die verbissenen Falten nasenabwärts. Deine Nervosität und Deine Schlaflosigkeit. Deine plötzliche Verschwiegenheit und Dein Verschwinden für Tage und Nächte. Und jetzt Deine Flucht.
Einmal kamst Du nach Haus und der Ärmel Deiner Jacke war blutrot. Aber es war nur dickflüssige, schmierige Farbe. Und Du strittest heiser mit Mutter. Suchtest Vaters versteckten Revolver. Und dann Deine Angst. Kaum verborgen hinter blassen Lippen und bebenden Fingern. Oh ja, ich habe Dich beobachtet. Bei Tag und bei Nacht. Du hast nichts verraten und doch vieles. An mich, Deinen kleinen Bruder. Doch fürchte Dich nicht, wir sind vom gleichen Blut, nur meine Angst, ich habe furchtbare Angst, wie Du...
Abebe hörte nicht das nahende Pfeifen des Knüppels und er schrie zum ersten Mal in diesem Gefängnis. Es war ein Schrei der vollkommenen Überraschung und des jähen Schmerzes, der durch das ungleiche Viereck des Zaunes drang, und des Kaders monotoner Vortrag erlitt keine Unterbrechung.

4.
Danner's Alltag

Hitziges Stimmengewirr aus dem Lehrerzimmer überraschte Danner auf seinem Weg in die Klasse. Er schüttelte ungläubig den Kopf. Soviel Elan noch vor der letzten Schulstunde? Er trat ein und hielt sich demonstrativ die Ohren zu.

„Aber meine Damen und Herren, das schallt von hier bis zum Langano. Darf ich wissen, um was es geht?"

Obermüller, sein Stellvertreter, löste sich aus dem Pulk der Lehrer.

„Och, eigentlich nichts besonderes. Herr Lehmann hat nur eine seiner glanzvollen und beliebten Reden gehalten."

Lehmann stand mit hochrotem Kopf vor dem langen Tisch. Sein lockiges Haar hing ihm wirr in die Stirn. Er war Fachlehrer für Deutsch und Sport und als der Choleriker unter den Kollegen bekannt. Sein Vertrag endete mit dem laufenden Schuljahr, der Vorstand des Schulvereins hatte eine Verlängerung abgelehnt, und mit der Rückkehr in den Schuldienst seines Bundeslandes vor Augen hatte Lehmann das Kriegsbeil ausgegraben.

„Da schaun Sie nicht so entgeistert", schnaubte er, „meine Meinung ist seit langem bekannt, Herr Danner. Und sie ist des Wiederholens wert. Dieser Vorstand ist eine Schande für die Schule, jawohl, und nicht nur für die Schule, sondern auch für die gesamte deutsche Kolonie in Addis überhaupt. Staunen Sie ruhig. Eigentlich müßten Sie das ja selbst wissen."

„Ein wenig Mäßigung würde Ihnen und uns allen sicher nichts schaden, Herr Kollege Lehmann", mahnte Danner, langer Diskussionen aus früherer Erfahrung überdrüssig.

„Was heißt hier Mäßigung? Das ist der Gipfel. Wollen Sie mir als deutschem Staatsbürger tatsächlich den Mund verbieten? Muß ich Sie an das Grundgesetz erinnern? Redefreiheit für jedermann!" „Jetzt hören Sie schon auf. Es macht Ihnen niemand das Recht der freien Rede streitig, aber wenn Ihnen keine neuen und vor allen Dingen sachlichen Argumente einfallen, ist die Diskussion beendet. Zumal sowieso schon entschieden worden ist."

„So, jetzt werden Sie auch noch autoritär! Und neue Argumente! Ich höre wohl nicht recht! Wieso soll denn ich die neuen Argumente liefern? Welche Argumente hat mir der Vorstand übermittelt? Keine, nicht ein einziges Wort."

„Sie sollten endlich richtig zuhören. Das haben wir Ihnen hundertmal erklärt. Der Vorstand und auch sonst ist niemand verpflichtet, Ihnen die Gründe für die Nichtverlängerung Ihres Vertrages mitzuteilen, verd...", Danner verschluckte erregt den Rest.

Fast erstickte Lehmann vor Zorn.

„Hat mir nichts mitzuteilen, so, hat mir nichts mitzuteilen. Sie, Sie Knecht des Vorstands, Sie", krächzte er und wankte aus dem Zimmer.

„Daß der nicht endlich Ruhe gibt. Er war vier Jahre hier, was will er mehr? Dabei schimpft er ständig über das Land und die Leute", murmelte Danner.

„Sein Haus", sagte Obermüller, „sein neues Haus ist nicht fertig. In den Hang gebaut mit unverbaubarem Blick über den Bodensee. Am Ende einer Sackgasse, himmlische Ruhe. Einmalig, aber eben nicht fertig."

„Ach was, Geld sollte nicht das bestimmende Motiv zum Hierbleiben sein. Klar, es ist ja ganz schön, einen Happen mehr zu verdienen, ein Funken Idealismus gehört aber auch dazu."

„Du hast gut reden, bist ja bei A 16 angelangt. Der beste Bausparer der Nation ist der deutsche Lehrer im Ausland, über die Knaben von der Botschaft legen wir dabei mal den Mantel der

Nächstenliebe. Im Vergleich zu anderen Nationen sind die Spitzenklasse, äh, ich meine natürlich im Verdienen," sagte Obermüller sarkastisch.

„Schön", seufzte Danner, „lassen wir's. Ich habe andere Sorgen."

„Die Vorstandssitzung heute abend?"

„Erraten."

„Die Entlassung der äthiopischen Angestellten. Aber Du hast getan, was Du konntest."

„Ich hoffe es."

„Glaubst Du wirklich, daß sich neben den direkten Problemen, die die Entlassenen haben werden, aus dieser Aktion ernste Konsequenzen für uns ergeben könnten?"

„Ich habe ein komisches Gefühl. Ich werde den Eindruck nicht los, als ob wir den Äthiopiern einen Vorwand liefern werden, auf den sie schon lange gewartet haben."

Die Klingel schrillte und beendete die Pause. Alle Lehrer griffen nach Büchern und Zetteln, Heften und Taschen, ein letzter Zug aus der Zigarette und das Lehrerzimmer lag verlasssen.

Danner hastete die Treppen hoch. Überall klappten die Türen, er war der letzte. Er jagte die Treppe hoch zum zweiten Stock, übersprang jeweils eine Stufe.

Seine Schüler lehnten mäßig interessiert am Geländer des Ganges und spuckten kichernd in den Schulhof.

„Ihr spinnt wohl", brüllte Danner vom Treppenhaus.

Eine Tür quietschte und Frau Scheiner schimpfte durch den Spalt: „Ruhe, absolute Ruhe bitte, wir schreiben eine Arbeit... oh, Herr Direktor."

Danner lächelte. Die ständig besorgte Frau Scheiner, aber ein Wort zur Lage war wohl erlaubt.

Er trat in die Klasse und warf seine Unterlagen auf das Pult. „Schlagt auf, Seite 44, Lektion 8", rief er und versuchte, seinen heftigen Atem zu unterdrücken.

Papier raschelte, einige flüsterten.

„Sag mal, Peter, wo hast Du Dein Buch?"

Ein blonder, schlaksiger Junge erhob sich verlegen von seinem Stuhl.

„Ja, also, das war so, unsere Mamite* hat aufgeräumt und ich.."

„Seit wann stehst Du auf", unterbrach ihn Danner, „ihr bleibt doch sonst gern sitzen, besonders zum Ende des Schuljahres. Und Euer Hausmädchen ist sicher nicht Deine Privatangestellte!"

Einige lachten vorsichtig hinter vorgehaltener Hand.

„Na, laß sein. Norbert, Du bist dran."

Unter rotem Haar tanzten Sommersprossen, als sich Norbert überrascht räusperte.

„En voyage, Klaus, une jeune homme allemand, traverse la frontière entre la France..."

„Berhanu, lies weiter."

Runde, dunkle Augen konzentrierten sich auf die Buchstaben.

„Voilà encore un autre monsieur. C'est un douanier.."

Die Worte tropften in den Raum, zähflüssig verrannen die Minuten. Danner wanderte zum Fenster. Der Lärm der Straße hallte gedämpft. Tanken mußte er, unbedingt. Nur wer täglich die erlaubten sieben Liter Benzin tankte, hatte Chancen, sich einen ausreichenden Benzinvorrat anzulegen.

„Ma chère Claudia", unterbrach Danner seinen flüchtigen Gedankengang, „was langweilt Dich eigentlich so?"

Langes blondes Haar wallte.

„Sie wissen doch Herr Danner."

„Was weiß ich? Ach, richtig, deine vier Jahre in Frankreich. Ich überlege mir ein paar Sonderaufgaben für Dich."

Ein langersehnter Moment trat ein. Es klingelte zum Schulschluß. „Langsam, langsam," rief Danner und versuchte, das Scharren der Stühle zu übertönen, „ihr kommt noch früh genug aus der Schule und in wenigen Tagen sind Weihnachtsferien."

„Da sind wir alle froh", lachte Peter, „die haben wir echt nötig."

„Vor allen Dingen Du. Dann hast Du genügend Zeit, Deine Schulbücher zu suchen."

---

* „Mamite": Hausangestellte

Aber Danner sprach in einen bereits leeren Raum, und auch ihn drängte es nach Haus. Mit der Vorstandssitzung heute abend würde es ein langer Tag werden.

Im Saal des ebenerdigen Gerichtsgebäudes waren alle Plätze besetzt. Und als Bettina Danner ihn betrat, noch das Getöse des Verkehrs im Ohr, umfing sie unvermittelt eine friedliche Stille. Diese Stille, die Reihen auf langen Bänken sitzender Menschen, die hellen Wände und die großen sonnendurchschienenen Fenster erinnerten Bettina für die Dauer eines Gedankens an eine Kirche. Ein Tuscheln lief wie ein Lauffeuer durch die Reihen, sie gerieten in Bewegung, zeigten ihre Gesichter und Bettina entdeckte verwundert, daß nur Männer anwesend waren. Ihre in vielen Gerichtsverhandlungen erworbene Selbstsicherheit begann unter den stieren Blicken zu wanken, und die Neugier, die sie beim Anblick des Gerichtes gespürt hatte, war längst verflogen.

Sie kam zu spät, der Richter saß bereits am anderen Ende des Raumes hinter einem einfachen Tisch, er saß mit durchgedrücktem Rücken, und die Schultern seines schwarzen Anzuges hingen ausgebeult herunter.

Sie hörte Assefa schnaufen.

„Ich konnte gerade noch den Gerichtsdiener treffen," flüsterte er, „ich habe ihn nach Ihrer Akte gefragt und er hat sie gesucht und sie anschließend obendrauf gelegt. Da kommt er, wir sind bestimmt zuerst dran."

„Warum starren die mich alle so an, Assefa," wollte Bettina wissen.

„Sie sind eine Fremde und eine Frau."

Der Gerichtsdiener legte den Stapel Akten auf den Tisch. Der Richter räusperte sich und alle Gesichter wandten sich ihm zu.

„Woyzero Bettina Danner", buchstabierte er laut und umständlich den für seine Zunge schwierigen Namen.

„Ja," sagte Bettina mit trockenem Mund.

„Awon", echote Assefa auf Amharisch.

Der Richter sah mit ausdruckslosen Augen zu Bettina, schlug die Akte auf und begann laut und in amharisch zu lesen. Bettina verstand mehrmals ihren Namen, auch das Wort mekina für Auto war ihr geläufig und sie vermutete, daß das Gelesene den strittigen Vorfall beschrieb.

„Was liest er vor?", fragte sie.

„Die Anklage", bestätigte Assefa.

Bettina erkannte in ihrer Nähe das stopplige Gesicht des Polizisten, der ihr mit einer herrischen Geste das Wort abgeschnitten und sie zum Gericht betellt hatte.

„Tritt der Polizist als Zeuge auf?"

Der Richter unterbrach seine Lesung und musterte sie erneut mit ausdruckslosem Blick.

„Wir dürfen nur reden, wenn der Richter es erlaubt", hauchte Assefa. Bettina schluckte ärgerlich und schwieg.

Der Richter las befriedigt weiter und als er geendet hatte, faltete er die Hände über der Akte und begann ein Gespräch mit dem Polizisten. Der untermalte seine Antworten mit ausholenden Gesten, wies einige Mal auf Bettina und schüttelte energisch den Kopf. Die Männer auf den Bänken kicherten.

Lacht nur, ihr kommt auch dran, dachte Bettina erbost. Assefa hatte ihr erklärt, daß diese Leute nicht etwa Zuschauer, sondern ebenfalls Beklagte in einem Verfahren wären.

Der Polizist nahm geräuschvoll Platz, und der Richter wandte sich an Bettina, die in Ermangelung eines Sitzplatzes stand.

„Es tut mir leid, ich spreche kein Amharisch, würden Sie bitte Ihre Fragen in Englisch stellen?", bat sie.

Der Richter lehnte sich in seinen Stuhl zurück, fragte unbeirrbar weiter auf amharisch, und Bettina beteuerte wiederholt und mit steigender Erregung, daß sie nichts verstünde.

Interessiert folgten die Zuhörer dieser zweisprachigen Diskussion, wandten ihre Gesichter unentwegt vom Richter zu Bettina und zurück und glichen Beobachtern eines Tennismatches, die mit den Augen den Ball verfolgen.

Assefa hob bittend die Hand und der Richter gab ein bejahendes Zeichen.

„Der Richter erlaubt, daß ich für Sie übersetzen darf," sagte Assefa zu Bettina, die unruhig mit den Füßen trippelte.

„Übersetzen? Assefa, der Mann hat studiert! Der spricht englisch, der will nur nicht."

„Das weiß ich nicht, aber im Gericht wird immer amharisch gesprochen. Schließlich ist es die Amtssprache."

„Wenn es sein muß", seufzte Bettina, „was wollte er wissen?"

„Ob Sie sich schuldig bekennen."

„Ich? Mich schuldig bekennen? Dazu habe ich keinen Grund. Der Polizist irrt sich, der macht eine falsche Aussage." Ihre Schläfen puckerten.

„Die Ampel zeigte grün, als ich sie passierte. Dabei bleibe ich", rief sie laut in den Saal.

Der Richter schlug mit der flachen Hand auf den Tisch und seine Stimme klang scharf, als er zu Assefa sprach.

,,Sie sollen sich daran halten, daß hier nur amharisch gesprochen wird und sich nun schuldig bekennen oder nicht."

,,Nicht schuldig", behauptete Bettina erbittert.

Der Richter beugte sich nach vorn und diskutierte erneut mit dem Polizisten, der in seinem Notizbuch blätterte und seinen Zeigefinger in fettige Seiten bohrte.

,,Der Polizist sagt, daß er alles aufgeschrieben hat, und der Richter will wissen, ob Sie wirklich an den Worten eines Polizisten zweifeln."

,,Zweifeln? Ich weiß, daß ich recht habe. Sagen Sie dem Richter, daß ich auch Jurist bin und etwas von Gesetzen und Gerichtsverhandlungen verstehe und nichts weiter als mein Recht will."

,,Der Richter sagt, Sie sind hier, in Addis Abeba. Als Beklagte."

Bettina verstummte betroffen. Hatte sie nicht auch hier ein Recht zur Verteidigung? Eigentlich wirkte alles sehr geregelt. Ihre Meinung konnte doch nicht unwichtig sein.

Ein älterer Mann in einem zerknitterten Anzug, eine sorgfältig geknotete Krawatte unter dem abgestoßenen Hemdkragen, erhob sich und redete mit dem Richter. Der wiegte den Kopf, sein Oberlippenbart zuckte und er zeigte bestimmend auf die Uhr. Die Zuhörer schufen dem Mann eine Gasse. Er stieg schwerfällig über einige Bänke zu Bettina.

,,Ich möchte Ihnen helfen, glauben Sie mir bitte", sagte er eindringlich, ,,ich verstehe, um was es Ihnen geht, aber so hat es keinen Zweck. Der Richter ist verständiger als Sie annehmen mögen. Aber das Wort des Polizisten wiegt schwer, er ist eine anerkannte Autorität. Wie wollen Sie ihren Standpunkt beweisen? Das ist schwierig, und wir verlieren alle nur viel Zeit. Es geht doch bei Ihnen nur um eine ganz kleine Sache. Bekennen Sie sich schuldig und der Fall ist erledigt."

,,Kleine Sache? Warum stehe ich dann vor Gericht? Wahrscheinlich geht es nicht um den Sachverhalt, sondern nur darum, daß ich dem Polizisten widersprochen habe. Das werde ich doch dürfen."

„Sehen Sie, ich meinte auch die Maßstäbe. Einen von uns würde die wahrscheinliche Strafe sehr viel härter treffen als Sie. Es geht schließlich nur um Geld, für uns ist ein Birr mehr als für Sie. Bekennen Sie sich schuldig und bezahlen Sie die geringfügige Strafe, die Sie erwartet."

„Es fällt mir schwer", knirschte Bettina.

Der Richter hielt seinen Arm hoch und deutete auf das Zifferblatt seiner Uhr.

Bettina holte tief Luft. „Also, ich bekenne mich schuldig. Aber bitte sagen Sie mir, was geschehen wäre, wenn ich mich weiter für nicht schuldig erklärt hätte?"

„Oh, für jedes 'Nicht Schuldig' hätte sich die Strafe verdoppelt."

Der Richter verkündete das Urteil. Bettina wurde wegen des Nichtbeachtens einer auf rot geschalteten Ampel und der Weigerung, diesen Tatbestand dem Polizisten zu gestehen, zu einer Geldstrafe von 35.— Birr (ca. 40.— DM) verurteilt. Der Richter legte die Akte neben den Stapel und rief übergangslos den nächsten Fall auf.

Bettina verließ mit klappernden Absätzen und leicht gerötetem Gesicht den Saal.

„Wir gehen, Assefa."

„Noch nicht. Am Ende des Ganges ist die Kasse. Sie müssen die Strafe sofort bezahlen."

Bettina's ganzer Zorn traf den Kassierer, der verzweifelt nach Wechselgeld suchte und auch seine Tasche umdrehte.

„Das ist meine erste Einnahme heute", sagte er entschuldigend. Aber dafür hatte Bettina kein Verständnis.

5.
Tsehay's abenteuerlicher Weg zum Gefängnis

In einem Singsang leise klagend und ihren Oberkörper rhythmisch vor und zurück wiegend, kauerte Tsehay für den Rest der Nacht auf ihrem mit Lederriemen bespannten Bettgestell. Erst das Meckern eines Hammerkopfvogels, der auf dem Wellblechdach ihrer Hütte hockte, holte sie aus ihrem Dahindämmern in die Wirklichkeit zurück. Die schwindende Betäubung gab den Schmerz über Abebes Verschleppung erneut frei, aber während die Tränen aus rot geriebenen Augen flossen und einen Weg über Schwellungen und Runzeln des Gesichtes suchten, spürte Tsehay die Kälte, die von ihrem Körper Besitz ergriffen hatte. Sie öffnete die ineinander verschränkten Arme und an einem Sonnenstrahl, der wie ein Messer in die halbdunkle Hütte stach, erkannte sie den beginnenden Tag. Sie erhob sich ächzend, und die Ratte, die auf einem grob behauenen Balken des Dachstuhls schnuppernd verweilt hatte, huschte erschrocken davon.

Tsehay schlurfte in einen kleinen angrenzenden Raum, auf dessen festgestampftem Lehmboden sie in der Mitte eine Feuerstelle errichtet hatte. Die Überbleibsel des gestrigen Feuers verbargen sich unter einer Schicht aus Asche, und Tsehay blies vorsichtig in sie hinein, und feiner Staub tanzte einen nicht enden wollenden Reigen. Sie blies noch einmal, kräftiger als zuvor, und die Asche stob davon und in verkohlten Holzresten wuchsen glühende Punkte. Blasend und hustend legte Tsehay dürre Zweige in die Glut, in kräuselnden Kehren stieg dünner Rauch zum Abzug und plötzlich fuhr eine Flamme über das Geäst. Bedachtsam legte Tsehay einige Brocken Holzkohle in die Flamme, die erschrocken zusammenbrach, um gleich darauf neugierig züngelnd an den schwarzen Stücken zu lecken. Tsehay hielt ihre Hände über das Feuer, sie öffnete und schloß die Finger, und die Wärme stieg an ihren Armen hoch. Als die Kälte gewichen war, schöpfte sie aus einem bauchigen Tonkrug Wasser in einen Blechtopf und stellte ihn in das Feuer.

Zuerst ein wenig Tee für mich, heiß und süß, dachte sie, und dann das injera (Fladenbrot) für Abebe. Wenigstens die Sorge für das tägliche Essen war ihr geblieben, von jeher war das die Aufgabe der Angehörigen von Gefängnisinsassen. Lästige Verpflichtung oder Liebesdienst; die Art der Beziehungen und Bindungen bestimmte das Ausmaß und die Ausdauer dieser Fürsorge. Oft blieb es in diesen Tagen einzige Informationsquelle über Zustand und Verbleib des Gefangenen. Zurückgewiesenes Essen war gleichzeitig die Mitteilung über den Tod des Gefangenen.

Nachdenklich schlürfte Tsehay den gebrühten Tee. Hin und wieder mengte sich eine Träne dazu. Schließlich holte sie eine tiefe Schüssel, hob den Deckel und betrachtete den Teig, den sie gestern angesetzt hatte. Noch für ein gemeinsames Essen mit Abebe. Der Teig sah gut aus. Sie verrührte ihn mit Wasser zu einem flüssigen Brei. Stellte eine große, runde Tonplatte auf die Steine, die das Feuer umsäumten. Sie rieb die dunkel glänzende Oberfläche der Platte mit einem pulverigen Gewürz ein, prüfte die Wärme und schöpfte mit einer Büchse von dem Brei. Mit einer schnellen, kreisförmigen Bewegung leerte sie die Büchse über der Platte, der Brei floß bis an die erhöhten Ränder, wurde fest, und Tsehay hob den ersten Fladen injera ab, wieder kreiste die Büchse über der Platte, kroch die breiige Masse bis an die Einfassung und erstarrte unter der Hitze.

Tsehay holte einen Korb, schlug ihn mit einem sauberen Tuch aus und legte die Injerafladen hinein. Sie nahm von der Kohlsuppe, die sie gestern gegessen hatten, wärmte sie auf, füllte das zerkochte Gemüse in ein Tongefäß, stellte es in den Korb und schloß faltend und knotend das Tuch über dem Essen. Dann stieß sie die Tür auf. Die Sonne warf ein helles Rechteck in die Hütte und zog auf dem vom vielen Fegen blank polierten Lehmboden eine scharfe Grenze zwischen Licht und Schatten. Es ist Zeit zu gehen, dachte Tsehay, hüllte sich in ihre weiße Schama, griff Schirm und Korb und trat hinaus in den Tag.

Der wahllos mit flachen und buckligen Steinen ausgelegte Weg führte von Tsehay's Haus einen Hang hinauf und an vielen Hütten vorbei zu einer breiten, asphaltierten Straße. An dieser vielbegangenen Ecke stand des Händlers Getachew ganzer Augapfel, der Lohn jahrelangen, zähen Strebens. Ein Suk, ein Verkaufsstand, den Getachew aus einem Sammelsurium von verwitterten Brettern, Kistenüberresten, Mauerwerk und spröder Dachpappe gebaut hatte. Zwei große Türen bildeten die gesamte Front des Ladens. Mit Überredungskunst und Verhandlungsgeschick hatte Getachew sie einem Freund abgehandelt. Dieser hatte im Mercato eine Bude besessen und echte und gefälschte Antiquitäten an ferenji's (Fremde) verkauft. Die einen mit verschwörerisch rollenden Augen hinter diesen Türen, die anderen mit einem Lächeln auf dem Tisch ausgebreitet. Sein ausgeprägter Instinkt für zahlungswillige Kunden hatte ihm zu einem bescheidenen Reichtum verholfen. Aber die Zeiten änderten sich, und die Zahl der kapitalkräftigen ferenji's sank ständig und die der neuen ferenji's ohne Geld stieg unaufhaltsam. ,,Sie tragen sogar ihre Koffer selbst'', flüsterte er jedem zu, der es hören wollte.

So hatte er sich für einen Umzug auf das Land entschieden, wo ihm das Leben nicht nur ruhiger, sondern auch sicherer zu sein schien.

Kurzentschlossen hatte Getachew nach Entrichtung einer Summe, deren Höhe er lautstark als Wucher anprangerte, hingegen von seinem Freund als kleine Gebühr bezeichnet wurde, die Türen aus dem Rahmen geschraubt. Und trotz schon fast handgreiflicher Proteste durch den neuen Inhaber der so amputierten Bude hatte er sie auf einen Handwagen geladen und eigenhändig quer durch die Stadt gekarrt. Wahre Prachtstücke waren es, schon alt und zerkratzt, und ein unbekannter Maler hatte all seine Farben auf ihnen probiert, aber sie wirkten wie unüberwindliche Bollwerke und bescherten Getachew ein Gefühl der Sicherheit und einen unbeschwerten Schlaf, denn hinter dem Ladentisch stand sein Bett. Besonderes Vertrauen flößte das Türschloß ein, und der Schlüssel hatte das Gewicht eines Totschlägers.

Als Tsehay den Stand erreichte, fand sie ihn von einem Pulk tuschelnder Menschen umgeben, und vor dem Suk stand Getachew und reckte seine Arme in den Himmel. Um ihn herum lagen all die Dinge verstreut, die am Tag zuvor in wackligen Regalen gestapelt waren. Tüten mit Kaffee und Tee, Zigarettenstangen, Seifenpulverpakete, Streichholzschachteln, schlanke Kerzen und verbeulte Konservendosen, eine mit Eiern gefüllte Schüssel, billiges Öl in Flaschen und in Silberpapier verpackte Kekse, ein staubiger Sack Mehl, Wollknäuel in grellen Farben, ein gläserner Behälter für Bonbons, gebrauchte Kleidungsstücke, abgepackter Zucker, Schnürsenkel und eine Pappschachtel voller Glasmurmeln, zerbrochene Getränkekisten, Meta-Bier und Coca-Cola, zersplitterte Flaschen und zerknickte Plastiktrinkhalme.

Mit einem schnalzenden Laut des Bedauerns drängte sich Tsehay zu Getachew vor. ,,Was ist geschehen?", fragte sie.

Getachew stöhnte. ,,Heute morgen. Militär und Kebele. Sie haben nach Plakaten und Waffen gesucht, ich hab' ihnen wohl zu langsam geöffnet und da, Du siehst ja selbst, was sie getan haben." Tsehay musterte die geborstenen Türen und das Schloß, welches schaukelnd an einer einzigen Schraube hing.

Sie seien gründlich wie lange nicht mehr gewesen, erzählte Getachew bekümmert, und hätten nicht eher Ruhe gegeben, bis die Regale leer gewesen und ohne Halt umgestürzt wären.

Schließlich seien sie abgezogen und auf seinen schüchtern vorgebrachten Hinweis, daß es jetzt gleich Morgen sei und Zeit zur Öffnung des Geschäftes und zum Verkauf, er aber ohne Hilfe diese Zerstörung — ja, Zerstörung hätte er gesagt — nicht in Ordnung bringen könne, hätte er einen scharfen Verweis des Anführers erhalten. Wenn er sich weiter so ungebührlich beschwere, könne man ihn zur Läuterung in ein Gefängnis stecken. Und bei diesen Worten hätte der Anführer ganz mörderisch mit seiner Pistole herumgefuchtelt, und ein anderer hätte ihm den ausgestreckten Zeigefinger an die Schläfe gehalten und ständig ,,Plopp" gemacht. Das habe ihn dermaßen erschreckt, daß er sofort geschwiegen hätte, eigentlich bis zu diesem Moment.

Das sei klug gewesen, lobte ihn Tsehay und fuhr fort: „Bei mir waren sie auch. Sie haben Abebe mitgenommen."

„Deinen Jüngsten? Den letzten in Deinem Haus?", flüsterte Getachew mit einer Gebärde des Bedauerns. „Den auch? Was soll er getan haben? So ein zierlicher Kerl kann nicht mal einen Floh knacken."

„Getan? Nichts hat er getan, Worku wollten sie. Aber der ist doch seit Monaten verschwunden. Bis er zurückkommt, behalten sie Abebe."

Getachew faßte ihren Arm mit beiden Händen und drückte ihn fest. „Armer Junge. Jetzt bringst Du ihm das Essen?"

„Ja", seufzte Tsehay.

Getachew's Blick irrte über seine verstreuten Waren.

„Ach, ich kann ihm im Moment nichts mitgeben. Das ist in den Gefängnissen verboten und das auch." Er wies auf Coca-Cola, Abebe's seltenes Lieblingsgetränk und einige Bonbons. „Aber sag mir Bescheid, wenn Du was benötigst. Das Kebele hat zur Zeit wieder kein Teff (Hirseart), aber", seine Stimme wandelte sich zu einem Hauch, „ich hab' noch welches."

„Ich habe kaum noch Geld, ich muß mir irgendeine Arbeit suchen. Ist schwer für eine alte Frau."

„Ach was", winkte Getachew ab, „wir kennen uns schon lange genug. Und Abebe hat mir einige Male geholfen. Ein ehrlicher Junge."

Dann rief er laut zu den Umstehenden: „Verschwindet alle, haut ab. Ich muß aufräumen und wenn Ihr noch lange rumsteht, ist vielleicht nichts mehr zum Räumen da."

Auch heute gleicht Addis Abeba vielerorts eher einem übereilt aufgebauten, überquellenden Lager als einer Großstadt. Im Gegensatz zu anderen afrikanischen Städten gibt es keine eigentlichen Wohnbezirke für die Fremden und die Reichen. Die Steinhäuser der Begüterten drängen sich zwischen die Hütten der Armen, und alle leben mehr oder weniger einträchtig nebeneinander. Die Fremden kommen und gehen, sind bekannt, aber oft unerkannt.

Doch alle wohnen hinter dichten Umzäunungen. Aus Gestrüpp, Hölzern und Wellblechstücken bei den einen, aus Mauerwerk und geschmiedetem Eisen bei den anderen.

Tsehay wanderte über Gassen und Asphaltstraßen, lugte hin und wieder durch die Latten eines Zaunes und hielt Abstand von den Gitterstäben der Ferenji-Häuser, hinter denen tobende Hunde sie bellend den Zaun entlang verfolgten. Wahre Teufel, diese Hunde. Beschützten stolz Haus und Garten und reagierten auf Steinwürfe mit bedingungslosem Angriff.

Die Umzäunung eines flachdachigen Ferenjihauses begrenzte eine mit kräftigen Gräsern bewachsene Wiese. Durch das mit Strohmatten verhängte Gittertor rumpelte ein Auto.

Tsehay hörte das helle Rufen von Kinderstimmen, Autotüren schepperten und ein Hund bellte aufgeregt. Vorsichtig blieb sie stehen, wartete auf das Schließen des Tores, aber es war zu spät.

Ein riesiger Hund schoß geifernd auf sie zu. Seine mit schwarzem Fell gezeichnete Gesichtsmaske verlieh ihm das Aussehen eines Dämonen. Tsehay kreischte entsetzt, suchte verzweifelt nach Fluchtwegen, stolperte mit ihren zittrigen Beinen und focht schließlich, einer Ohnmacht nahe, mit der Spitze ihres Regenschirms gegen das zähnefletschende Ungeheuer.

Zwei Männer nahten mit schnellen Schritten, ein hellhäutiger und ein dunkler. Der ferenji pfiff gellend und schimpfend in einer harten Sprache, das Untier verlor seinen Kampfeswillen, kroch winselnd und bäuchlings zu seinem Herrn.

Tsehay's Atem rasselte und sie presste die regenschirmbewehrte Hand auf ihre Brust. Der dunkelhäutige Mann stützte sie mit festem Griff.

,,Sag ihr, daß es mir leid tut'', keuchte Thomas Danner zu Assefa und hielt den Hund am Halsband, der zwischen seinen Beinen saß und nun ungeheuer friedfertig aussah. ,,Vielleicht möchte sie sich bei uns für einen Augenblick setzen?''

Assefa redete mit Tsehay und übersetzte, wie sie hieß und daß sie keine Zeit hätte, sie müßte ihrem Sohn das Essen in das Gefängnis bringen.

,,Dann richte ihr noch einmal mein Bedauern aus und paß das nächste Mal besser auf den Hund auf. So etwas ist ja nun mehrmals passiert,'' sagte Danner.

,,Ja, Herr'', erwiderte Assefa und senkte den Kopf. Ein äthiopischer Hund wäre schon beim Aufheben eines Steines geflüchtet.

Tsehay erholte sich wundersamer Weise sehr schnell. Eine kleine, nicht sonderlich blutende Schramme am linken Fußknöchel ließ sie die Gunst des Augenblicks erkennen und sie setzte ihren Korb ab, wies mit einer Hand auf ihr verletztes Bein und streckte die andere mit der Handfläche nach oben zu Danner. Der Hund knurrte heiser und bedrohlich, aber sie sah den Griff an dessen Hals und verharrte in ihrer Stellung.

,,Sie will Geld'', erriet Danner und Assefa bejahte.

,,Na schön, es ist mein Hund, der sie erschreckt hat. Aber die Schramme kann von irgendetwas anderem herrühren, sie war es vielleicht selbst mit ihrem Schirm'', sagte Danner und Tsehay, die ihn nicht verstand, hörte die Unsicherheit in seiner Stimme. Sie hob und senkte fortwährend die Hand, so, als ob sie ein Gewicht abzuschätzen hätte.

„Geben Sie ihr ein wenig, manchmal bekommt man wegen einer solchen Sache Ärger mit dem Kebele. Sie wohnt in demselben wie wir. Mit einer kleinen Entschädigung stehen Sie immer gut da", sagte Assefa.

Verlegenheit und Empörung über eine vermutete kleine Erpressung vermengten sich zu einem seltsamen Gefühl, als Danner suchend seine Taschen abklopfte. Sie waren leer und nach einer Prüfung seiner Hemdtasche zog er zerknülltes Papiergeld aus ihr heraus. Blitzschnell erkannte Tsehay an der Farbe der Banknote deren Wert und in einer einzigen Bewegung ergriff sie den Schein und führte Danners Hand an die Lippen, der sie ihr verwirrt wieder entzog.

„Igziabher yestilligen, Danke, vielen Dank", stammelte Tsehay und lief eilig davon.

„Assefa, halt, das geht nicht, das waren mehrere Scheine, zehn oder zwanzig Birr, das ist glatter Diebstahl", rief Danner erregt.

Assefa blieb stehen und ein verstohlenes Lächeln huschte über sein Gesicht. „Sie haben es ihr doch hingehalten. Das war kein Diebstahl", sagte er voller Überzeugung.

In sicherer Entfernung verlangsamte Tsehay ihren Gang und entdeckte, daß die zerdrückte Fünfbirrnote noch einen weiteren Fünfer und einen Zehnbirrschein enthielt. Sie hatte der Verlockung des einen Scheines nicht widerstehen können, aber das hatte sie nicht gewollt. Das war nicht recht. In ihrer Hand hielt sie immerhin die Höhe eines Wochenlohnes, den die ferenjis ihrem Hauspersonal zahlten. Gutes Geld. Ob sie es zurückbringen sollte? Aber dann sah sie, wie sich das Tor schloß, und sie dachte an Abebe und daß ihre Sorge für ihn wichtiger denn je war. Dazu benötigte sie Geld. Und benutzte Gott in seiner Hilfe für Notleidende nicht mitunter merkwürdige Wege?

Erleichtert setzte sie ihren Weg fort. Diesen Fremden würde sie sich merken müssen.

In Erwartung größerer Aufgaben und um die Bedeutung des Gefängnisses zu unterstreichen, war zwischen dessen Eingang und hölzernen Zaun ein Wachturm gemauert worden. Schmale Schießscharten in Kopfhöhe drohten, und ein Stück Wellblech beschirmte die Plattform für den Ausguck. Der Bau war ohne erkennbaren Grund mit großer Eile vorangetrieben worden. Aber derartige Hast hat ihren Preis, kurz nach der Indienstnahme wehrte sich das Symbol der neuen Zeit auf seine Weise. Ein zackiger Riß sprengte etliche Fugen und verschob die Plattform. Niemand kletterte mehr über die breiten Stufen der Leiter zu ihr empor. Auch die untere Kammer wurde nicht mehr betreten. Groß war die Furcht, daß diese Errungenschaft der Revolution ihren Wächtern auf den Kopf fallen könnte. So diente der Turm als Reklamefläche. Spruchbänder zierten ihn und auch auf Stein Geschriebenes. Markige Parolen verbreiteten Überzeugung. Lesbar oder vorlesbar. Mit roter Farbe war gepinselt worden.

Die Macht der Masse ist unüberwindlich.
Revolutionäres Vaterland oder Tod.
Hände weg vom revolutionären Äthiopien.

Die Revolution steht über allem, alles für den entscheidenden Sieg.

Tsehay erreicht leicht erhitzt das Gefängis. Ein Wächter in einer improvisierten Uniform lehnte mit umgehängtem Gewehr an einem Torpfosten.

Im löchrigen Schatten einiger Eukalyptusbäume hockten, einer ruhenden Schafherde gleich, Frauen und warteten. Frauen mit glatten und runden Gesichtern. Frauen mit Gesichtern wie aus verwittertem Fels. Frauen mit festen Leibern, die noch nicht geboren hatten. Frauen mit schlaffen, ausgemergelten Körpern, der Zweikämpfe mit dem Schicksal müde. Es waren die Mütter und Schwestern aller Gefangenen, und in ihren Herzen wühlte der Schmerz.

Als die Sonne hoch am Himmel stand und die Schatten geschmolzen waren, trugen zwei Wächter einen breiten Holztisch vor das Tor. Einer nickte stumm den Frauen zu, und sie erhoben sich, kamen schweigend über die Straße und bildeten eine Reihe.

Weiße Schamas blähten sich im Wind und einige Frauen spannten zum Schutz gegen die Sonne ihre Schirme auf.

Die erste Frau stellte einen Blechbehälter auf den knarrenden Tisch und zog das bedeckende Tuch weg. Der Wächter sah in den Topf, hob die Injerafladen an, zerbröselte Brot und blinzelte durch eine mit Tee gefüllte Flasche.

„Versuchst Du es schon wieder? Du weißt, keine Getränke. Wir haben genügend Wasser", sagte er streng und warf die Flasche neben den Tisch in den Staub. Der Verschluß sprang auf und der Tee versickerte. Dann reichte er das Essen in den Hof. Die Frau blieb am Tisch stehen.

„Was denn noch?", knurrte der Mann.

„Wann.. wann kann ich ihn sehen?", flehte die Frau.

„Nege, morgen. Vielleicht. Und jetzt geh!"

Ein trockenes Schluchzen schüttelte die Frau. Der Wächter schob sie mit kräftigem Druck zur Seite.

Tsehay stand geduldig in der Reihe und wartete. Warten gehörte zu ihrer aller Leben. War dessen fester Bestandteil. Wie das Suchen.

Warten auf eine Geburt, warten auf den Tod, warten auf einen Sack teff, warten auf das Ende einer Krankheit, warten auf die Gabe eines Reicheren, warten auf eine Arbeitsstelle, warten auf einen kurzen Moment des Glücks.

So verbarg sie ihre steigende innere Erregung und wartete ergeben, bis sie vor dem Tisch stand. Es war der alte Graukopf Wolde, der mit ihrem Mann einmal einem äthiopischen UNO-Kontingent angehört und sich nun als Wächter beim Kebele verdingt hatte, um seine spärliche Rente aufzubessern.

„Für wen?", hörte sie ihn fragen und sie schob den Korb kratzend über den Tisch und sagte: „Kennst Du mich nicht mehr? Es ist für Abebe."

„Ah, Tsehay, wie geht es Dir?", nickte Wolde nicht unfreundlich, „ja, ich habe ihn schon gesehen."

„Wirst Du gut auf ihn aufpassen?", flüsterte sie.

„Er ist nur einer von vielen. Und ich auch."

Sie verstand, wandte sich zögernd um, da hörte sie ihn raunen: „Wenn was ist, laß ich mich bei Dir sehen."

6.
Die Entscheidung

Nicht, daß Erlebnisse wie das Auffinden des ermordeten Jungen und das Zusammentreffen mit einem gefühlslosen Wächter spurlos an Thomas Danner vorübergingen. Sie trafen und erschütterten ihn mit der Wucht des Unfaßbaren. Es waren schreckliche Geschehnisse, doch sie bescherten ihm das Gefühl eines ohnmächtigen Zusehens, ihr Verlauf entzog sich völlig seinem Einfluß. Die Begegnung mit Tsehay aber hatte einen schmerzhaften Stachel in ihm hinterlassen.

Schon vor des Kaisers Sturz war ihm die Not des Volkes ein Begriff gewesen. Aber er hatte gelernt, seine Hilfsbereitschaft zu kanalisieren. Er unterhielt hier und dort „feste Kunden", wie er sie nannte. Etwa den Studenten, vor dessen wortreichen Bitten er nach mehrtägiger Verfolgung kapituliert hatte und dem er nun monatlich eine festgelegte kleine Summe für das Studium zahlte. Die Straßenjungen an der Verkehrskreuzung am Parlamentsgebäude, denen er mitunter Ben's abgelegte Sachen überließ. Den Zeitungsverkäufer, dem er jeden Morgen den doppelten Verkaufspreis für den „Ethiopian Herold" in die schmutzige Hand drückte. Oder den Schuhputzer, der täglich auf der Mauer vor der Schule saß und den er bezahlte, ohne seine Dienste in Anspruch zu nehmen. Nie würde er es über sich ergehen lassen, daß jemand vor ihm auf den Knieen lag und die Schuhe polierte. Sie alle nahmen dankbar die Spenden an, über die er entschied. Doch diese alte Frau... Der bittende und gleichzeitig fordernde Blick aus den wäßrigen Augen, das flehende und doch bestimmte Ausstrecken der Hand hatten ihn verblüfft. Geschickt hatte sie gestenreich sein Schuldbewußtsein geschürt. Danner seufzte.

Sie hatte ihn buchstäblich an die Hand genommen und für ihn eine Entscheidung getroffen, hatte seine Unfähigkeit erkannt, sich dieser zu entziehen. Und er hatte geglaubt, Land und Leute zu kennen.

Er lag auf einer Liege im Garten, und über ihm segelte ein Adler im Aufwind. Das Land und was für ein Land! Er folgte dem Adler mit den Augen, bis das Blau des Himmels ihn verschluckte.

Begann zu dösen, und durch seinen Halbschlaf waberten Erinnerungsfetzen.

Er spürt das Bocken des störrischen Esels zwischen seinen Schenkeln, verschlungene Pfade entlang der zerklüfteten Tafelberge des Semjengebirges. Dickschnäblige Raben rufen heiser, und Stammlobelien stecken ihre langen Finger empor.

Aus ewigem Fels gehauene Kirchen in Lalibela. Abblätternde, farbenfrohe Malereien an den Wänden, kunstvoll ziselierte Kreuze gleißen im Sonnenlicht. Seltsam die Musik der einsaitigen Masinquo, Trommeln dröhnen, musiktrunkene Mönche tanzen ohne Unterlaß.

Über den Wasserfällen des blauen Nils spannt sich ein unermeßlicher Regenbogen, durch das Papyrusboot quillt das Wasser des Tana-Sees. Die Inseln und deren Klöster.

Massige Burgen in Gondar und die steinernen Stelen von Axum. Köstlicher Cappuccino in einem Straßencafe in Asmara.

Schweißtreibende Hitze in der Danakilwüste, in Bati die Afars mit ihren Kamelkarawanen von den Salzseen, vor gekreuzten Patronengürteln baumeln gebogene Messer.

Atemerstickender Wind in Assab am Roten Meer, die Dahlak-Inseln und ihr klares Wasser, Tauchen in paradiesischer Unterwasserwelt.

Die altmodische Bummelbahn nach Dire Dawa, heiße Quellen und Palmen im Awash-Nationalpark.

Die weißen und ockerfarbigen Häuser von Harrar, der Wind spielt mit den bunten Gewändern schöner Marktfrauen, rotes Henna im Gesicht, auf Nägeln von Fingern und Zehen.

Der Schatten einer mächtigen Schirmakazie am Langanosee, verwitterte Stelengräber im Busch des Konsolandes, nackte Nyangatommädchen schöpfen Wasser in Kalebassen. Im Omo suhlen sich Nilpferde, Krokodile dämmern in trügerischer Ruhe...

Es knallte laut und jemand rief triumphierend: ,,Getroffen!'' Danner fuhr hoch. ,,Wer ist getroffen?''

Vor der Hecke, zwischen deren Blättern violette Passionsfrüchte lockten, stand Ben mit dem Luftgewehr und einem toten langschwänzigen Vogel in der Hand.

,,Papa, nur ein mousebird.''

,,Wieso mousebird? Das hatte ich Dir längst verboten'',

knurrte Danner unwirsch. „Außerdem habe ich gerade geschlafen, kannst Du keine Rücksicht nehmen?"
„Geschlafen? Mit offenen Augen?", lachte Bettina.
„Na ja, ein wenig geträumt. Aber mit den mousebirds ist jetzt Schluß."
„Du hast ja selbst damit angefangen", murrte Ben.
„Das ist lange her. Damals war die Hecke voller Früchte und diese verdammten Vögel pickten jede an."
„Wenn Du meinst.."
„Ja, ich meine. Außerdem knallt es hier genug."
„Du scheinst ja aufregende Träume gehabt zu haben", versuchte Bettina zu beruhigen, „aber Ben hat recht. Du hast sogar schon mal Prämien für tote mousebirds gezahlt."
„Ich werd' wohl meine Meinung ändern dürfen", brubbelte Danner.

„Schluß jetzt", rief Bettina, „der Kaffee ist fertig. Ben, sag Tacha Bescheid, daß sie das Tablett rausbringt. Und was sie nicht schafft, kannst Du mitbringen."

„Och kann sie nicht zweimal gehen, ich kriege bestimmt auch nicht alles mit."

„Da hast Du es, mousebirds schießen, aber keinen Kuchen tragen wollen. Ich sage es ja immer, die Kinder werden hier zu verwöhnt", sagte Danner zu Bettina und die starrte auf Ben.

„Du bringst alles mit. Und laßt Papa in Ruhe, der muß heute abend zu einer Vorstandssitzung."

„Ach so, das hättest Du gleich sagen können. In letzter Zeit ist Papa immer so gereizt vor diesen Sitzungen", maulte Ben.

Später, als eine blasse Mondsichel rücklings am Himmel hing, fuhr Danner in die Schule.

Zigarettenqualm, in engen Kehren aufsteigend, täuschte Nachdenklichkeit vor. Ausgiebiges Gähnen bewies den Drang nach frischer Luft. Schließlich saß man schon seit Stunden zusammen. Im Lehrerzimmer tagte der Vorstand des Schulvereins.

Da sitzen sie auf ihren Stühlen, dachte Danner. Droste, Kulturattaché und Vertreter der Botschaft, streckte unbekümmert seine langen Beine unter den Tisch und gab seine abgelaufenen Schuhsohlen ausgiebiger Betrachtung preis.

Krüger, der Vorsitzende, Repräsentant eines großen deutschen Konzerns in Addis Abeba, streichelte mit dem Mundstück seiner Pfeife die dicke Narbe, die quer über den Rücken seiner linken Hand verlief. Danner wußte, dies verriet innere Spannung und Konzentration.

Und da waren noch Kowalski, auch er Vertreter einer deutschen Firma, Specht, der Schatzmeister des Vorstands, ein nervöser Mensch, der ständig mit den Fingern in sein schütteres Haar griff, als benötigte er die Bestätigung ihrer Existenz, Mayer, ,,bitte schreiben Sie meinen Namen stets mit einem a und einem ypsilon", er arbeitete im Rahmen der deutschen Entwicklungshilfe in Äthiopien. Und der Ingenieur Faber, der die Werkstatt einer deutschen Autofirma leitete und mehr einem stillen Gelehrten glich.

Sie trugen für die Dauer ihrer Wahl ehrenamtlich im Auftrag der Mitglieder des Schulvereins die Verantwortung für das Unternehmen Schule, und Danner war ihr Berater und Fachmann für den schulischen, den inneren Bereich. Ihr oft bewiesenes gemeinsames Verständnis für die Schule, ein in Krisenzeiten geprüftes festes Fundament, war geplatzt und die Suche nach einer kittenden Überbrückung bisher vergeblich gewesen, die Harmonie vieler Stunden drohte in Vergessenheit zu geraten.

,,Wir sollten vertagen", schlug Droste vor. Er wollte nach Haus. In der Botschaft löste zur Zeit eine Besprechung die andere ab, man lebte in einem krisengeschüttelten Land. Und was folgte nach Dienstschluß? Die nächste Dauersitzung. Seine Schwielen am Hintern drückten enorm.

,,Nein", rief der Vorsitzende Krüger, ,,bitte nicht. Unter keinen Umständen. Es ist spät und wir kommen erst jetzt zum Kern unseres heutigen Abends, aber wir können den Punkt fünf unserer Tagesordnung nicht erneut verschieben. Die Abstimmung darüber, und zwar die endgültige", er hob den Zeigefinger ,,ob neuneinhalb äthiopische Angestellte des Schulvereins entlassen werden sollen, muß heute abend erfolgen. Wir dürfen keine Zeit mehr verlieren."

Hoffentlich wird es eine unumstößliche Entscheidung. Bisher hat Danner es immer wieder verstanden, die Ergebnisse auf den Kopf zu stellen. Was er bloß hat, vielleicht stört es ihn, daß er sich zum ersten Mal in einer wichtigen Sache unserer Entscheidung beugen muß, reflektierte Mayer.

„Könnten wir dieses ‚halb' nicht streichen, das klingt schrecklich nach halbem Menschen", murmelte Danner.

„Lassen Sie endlich einmal Ihre Tricks und unterstellen Sie uns nicht immer Unmenschlichkeit", empörte sich Specht.

„Herr Danner, wir alle kennen Ihr Unbehagen", sagte Krüger sanft, — bloß nicht aufregen, wir müssen die Sache heute zu Ende bringen —, „und wir wissen alle, daß es sich bei diesem 'halb' um die Bezeichnung für eine halbe Planstelle handelt. Im Interesse einer sachlichen Abwicklung sollten alle Ablenkungsmanöver unterbleiben."

„Ich schlage vor", Kowalski eröffnete seinen Beitrag mit seinem Lieblingssatz, „ich schlage vor, daß Herr Specht als Schatzmeister den nun schon oft diskutierten und eigentlich längst beschlossenen Standpunkt des Vorstands in aller Kürze vorträgt und wir Herrn Danner die Gelegenheit geben, uns zum wiederholten und heute letzten Mal seine Meinung mitzuteilen."

Nickendes Einverständnis folgte und Specht begann spitz: „Herr Kowalski sagte schon, es ist alles bereits mehrmals besprochen worden. Sei's drum. Sie wissen, alle unsere Einnahmen sind stark zurückgegangen. Das liegt zum Teil am Rückgang unserer Schülerzahlen, an der Schließung unseres Internates und der veränderten und somit verringerten Bezuschussung unseres Haushaltes durch die Bundesrepublik Deutschland." Specht wies auf Droste und der bestätigte stumm. „Das alles kann jeder der Bilanz entnehmen, die auf unserer kürzlichen Vereinsversammlung vorgelegt worden ist. Anlage 3c des Vorstandberichtes. Natürlich muß man Bilanzen lesen können." Er warf einen Blick über den Rand seiner Brille auf Danner. „Die beiden erstgenannten Gründe sind unmittelbare Folgen der hiesigen politischen Entwicklung. Kurz, Sie sehen, wir müssen Geld sparen, und das können wir vor allen Dingen im personellen Bereich."

,,Logisch", versuchte Kowalski zu überzeugen, ,,wird in jeder Firma so gehandhabt. Weniger Aufträge — gleich weniger Produktion — gleich weniger Einkommen. Keine Reserven mehr, die Zeiten werden schlechter. Also müssen Entlassungen erfolgen."

,,Herr Kowalski", meldete sich Danner zu Wort, ,,wir sind hier nicht in der Industrie und leben nicht in Deutschland. Wir betreiben in Äthiopien eine Schule, eine deutsche Schule, die in den Augen der Öffentlichkeit nicht als irgendeine private Einrichtung angesehen wird, sondern als eine offizielle deutsche Institution."

,,Ist bekannt", sagte Kowalski.

,,In diesem Land vollziehen sich schwerwiegende politische Umwälzungen", begann wieder Danner, ,,die Regierung will eine Regierung des Volkes sein, zumindest gibt sie sich so. Sie garantiert jedem den Schutz des Arbeitsplatzes. Außerdem ist ihre Ideologie eine andere als die unsrige. Wir sitzen in den Augen der äthiopischen Regierung mittlerweile im falschen Lager. Und die Stellung der Schule ist so sicher nicht. Wir haben kein bindendes Abkommen mit dem Staat. Warum also mit Entlassungen provozieren, Vorwände liefern?"

,,Vorwände liefern für was? Denken Sie etwa, die würden der Schule etwas tun? Klar, es gibt diese Problematik mit der Aufnahme der äthiopischen Schüler, das ist neu, aber es berührt nicht die Existenz der Schule. Nein, Sie sehen Gespenster. Die deutsche Entwicklungshilfe für Äthiopien ist erheblich. Das garantiert uns Einfluß. Und diese Hilfe riskieren die nicht. Nur weil wir ein paar Angestellte entlassen. Lesen Sie mal die labour proclamation nach. Da steht zu lesen, daß bei Betriebsverkleinerungen Entlassungen erlaubt sind. Wir verkleinern eben unseren Betrieb, wenn Sie diesen Ausdruck gestatten," dozierte Mayer.

,,Gestattet", sagte Danner trocken, ,,allerdings glaube ich, daß letztlich der Militärrat, der Derg, entscheidet, wie die labour proclamation angewandt und ausgelegt wird. Und vergessen Sie bitte nicht den sozialen Aspekt der ganzen Geschichte." Er atmete tief ein und beobachtete aus den Augenwinkeln Specht. Er wußte, was der antworten würde. „Ich meine, daß wir in dieser schwierigen Situation unseren Angestellten gegenüber eine besondere Verantwortung haben. Wir bringen sie um ihren sicher geglaubten Lohn, um ihr tägliches Brot."

„Warum denken Sie nur an diese Leute, es gibt auch andere, die Probleme haben", warf Specht ein und schluckte verbittert.

„Dann eben auch an Sie, Herr Specht", Danner krauste die Stirn. Das war Specht's wunder Punkt. Eine durch das Leben geschlagene Verletzung, die nie heilen würde. Ein ständig nässendes Geschwür, das mit den Jahren stärker wucherte und zunehmend Einsichten verhinderte.

Der zweite Weltkrieg hatte Specht nach Äthiopien verschlagen. Die anfängliche Begeisterung ließ im Einklang mit schlechter werdenden Geschäften nach. Aber er blieb. Hatte Angst vor der Umstellung in ein geregeltes Leben in Deutschland. Fristete mit einem kleinen Handelsgeschäft sein Dasein und war endgültig zu alt für eine Rückkehr nach Deutschland geworden. Trug enttäuscht an der Last seiner Jahre und betrachtete seine Umwelt durch ein Vergrößerungsglas besonderer Art. Wog schon lange mit verstellter Waage. Aber rechnen, rechnen konnte er.

Danner fuhr fort: „Was wird aus den Leuten, die wir entlassen? Die für viele Jahre an dieser Schule gearbeitet haben. Werden sie sich wehren? Bedenken Sie, alle diese Leute verdienen zusammen im Jahr weniger als die meisten von uns im Monat. Und wir stoßen sie ins Nichts."

Specht zuckte zusammen. Dieser hochbezahlte Beamte. Experte. Redete druckreifes Zeug, aber hatte Danner ihn schon einmal gefragt, wie schwer er es hatte? Wie oft er schon ins Nichts gestoßen worden war? Natürlich würde es für die Entlassenen schwer werden, aber es war nicht zu ändern. Das war das Leben.

„Bitte, Herr Danner", erwiderte er, „spendieren Sie eines Ihrer Monatsgehälter und alles ist gerettet. Für ein Jahr. Und dann? Wollen Sie jedes Jahr ein Zwölftel Ihres Einkommens abgeben? Das ist mehr, als die Kirche verlangt. Wir haben nichts zu vergeben. Wir haben kein Geld, wir müssen auch in anderen Bereichen sparen. Und die Schulgebühren können wir nicht schon wieder erhöhen, und aus Deutschland werden wir keine Zuschüsse für Leute erhalten, die ohne Arbeit sind. Die nur herumstehen. Wir können keine Schulden machen. Die Angestellten müssen entlassen werden, im Grunde muß im Leben jeder selbst sehen, wie er zurecht kommt, nicht wahr?"

„Ich muß darauf aufmerksam machen, daß die Haushaltslage des Bundes angespannt und langfristig mit weiteren Kürzungen zu rechnen ist", gab Droste zu bedenken.

Faber hob die Hand. „Es ist eine bittere Entscheidung. Für die Arbeiter. Für uns. Ich schätze Herrn Danners Einwände, sein Mitgefühl, aber wir kommen um die Entlassungen nicht herum. Das Gefühl sagt nein, die Ratio ja. Und die zählt."

Sie setzten Argument gegen Argument, nährten Zweifel und verwarfen sie. Die Großfamilie als afrikanische Form der Sozialversicherung und als Netz gegen den Absturz ins Ungewisse versprach Beruhigung. Politik legte sich quer, wurde gewogen und zu leicht befunden. Danners Erregung stieg. Sprach er, drehte sich Specht um und bedeckte mit einer fahrigen Handbewegung sein Gesicht. Verbarg so ein abwertendes Lächeln, vermutete Danner.

Schließlich erbat Krüger Ruhe. „Ich glaube, wir haben genug diskutiert. Auf drei Vorstandssitzungen haben wir das Für und Wider vernommen. Niemand verkennt die Problematik, aber wir müssen uns entscheiden. Jetzt. Darf ich um das Handzeichen bitten: wer ist für eine Entlassung der Angestellten gemäß vorliegender Namensliste?"

Droste und Danner waren beratende Mitglieder ohne Stimmrecht. Die anderen stimmten für die Entlassungen, keine Gegenstimme, keine Enthaltung.

Resigniert ließ Danner die Arme hängen. Vielleicht waren seine politischen Bedenken überzogen, aber die Arbeiter taten ihm leid. Ein Handzeichen brachte sie um Lohn und Brot, kappte das Tau, das sie mit der Sicherheit verband.

Und seine Schule büßte ein Viertel ihrer äthiopischen Angestellten ein, der Schrumpfungsprozeß verschnellerte sich.

Droste's Diplomatenköfferchen sprang auf und er zog eine Flasche Whisky aus einer Plastiktüte. „Stiftung der Botschaft. Entspannt die Atmosphäre. Reißt unseren Herrn Danner aus seinen Grübeleien," rief er jovial.

„Da wäre noch etwas zu erledigen", sagte Krüger, der Vorsitzende, und wandte sich an Danner, „lassen Sie bitte morgen früh die Kündigungen schreiben, sie müssen ebenfalls morgen ausgehändigt werden."

„Das.. das wird erledigt. Tefera wird sie Ihnen zur Unterschrift bringen", murmelte Danner gedankenverloren.

„Unterschreiben? Ich? Das ist Ihre Aufgabe, Herr Danner!"

Danners Kopf ruckte vor. „Ich soll unterschreiben? War das nicht eben Ihre Entscheidung? Sind Sie nicht der Arbeitgeber?"

Bin ich denen etwa ausgeliefert, dachte er, ich der Leiter dieser Schule? Erst diese alte Frau heute mittag und jetzt die hier!

Bin ich das willenlose Rädchen, an dem andere drehen?

Krüger fuhr mit seinem Zeigefinger spielerisch über die Narbe seiner Hand und antwortete: „Bitte vergessen Sie nicht, daß meine Vorstandskollegen und ich ehrenamtlich tätig sind. Und daß unsere Entscheidung nicht doch Konsequenzen von äthiopischer Seite nach sich zieht, ist nicht völlig ausgeschlossen. Überlegen Sie mal: soll meine Firma, sollen deren Geschäftsbeziehungen, soll etwa meine Familie darunter leiden, daß ich erster Vorsitzender des deutschen Schulvereins bin?

Danner schwitzte. Das gab es doch nicht. Er, der gegen die Entscheidung war, sollte der Vollstrecker sein? Sollte das Beil über einem gewaltsam auf den Block gelegten Kopf schwingen? Warum nicht verweigern, dachte er, hier und jetzt. Was konnte ihm geschehen? Dann ginge er notfalls früher zurück nach Deutschland. Ach ja, der Schritt zurück in das Glied...

Krüger erriet Danner's Gedanken. „Sie sind unser Angestellter, Herr Danner, wir entscheiden auch über Ihren Vertrag. Und wir erteilen Ihnen den Auftrag, die Kündigungen vorzunehmen. Mit Ihrer Unterschrift. Übrigens, wir hatten kürzlich ganz intern überlegt, ob wir nicht versuchen sollten, Ihren Vertrag über die Regeldienstzeit von sieben Jahren hinaus zu verlängern."

Danner schwankte. „Aber vielleicht könnte die Botschaft..."
„Ist bereits erwogen worden", sagte Krüger und Droste nickte zustimmend, „aber es ist aus rechtlichen Gründen nicht möglich."

So ist das also, dachte Danner. Alles schon besprochen. Ohne mich. „Wer bin ich hier eigentlich noch?", brach es aus ihm heraus.

„Der Leiter dieser Schule, und nicht nur wir meinen, ein sehr guter", antwortete Krüger.

Danner erhob sich und sagte schroff: „Ich werde die Schreiben morgen früh unterschreiben und aushändigen. Mit einer mündlichen Mitteilung meines Bedauerns." Er schob seinen Stuhl unter den Tisch. „Vielen Dank für den Whisky. Den werden Sie ohne mich austrinken müssen", ergänzte er und verließ den Raum.

„Die Sitzung ist geschlossen, wir haben sowieso bald Sperrstunde", rief ihm Krüger hinterher.

„Ich mag ihn, auch wenn er es nicht glaubt. Aber er ist zu weich", behauptete Specht.

„Eigentlich hat er recht", flüsterte Faber und niemand hörte ihn. „Die Äthiopier haben bestimmt schon Wind von der Angelegenheit bekommen. In dieser Gerüchteküche Addis bleibt nicht mal ein Furz auf dem Klo geheim", sagte Mayer.

„Ich schlage vor, wir gehen. Es ist spät und mir brummt der Schädel", stöhnte Kowalski.

„Wir hatten keine andere Wahl", beschloß Krüger den Abend.

Bettina wartete vor dem erloschenen Kaminfeuer und verwies auf einige nahe Schüsse, die ihre Unruhe geweckt hätten. Nun sei aber alles gut.

Danner sank erschöpft auf sein Bett, aber erst Bettina's Wärme ließ ihn die Wunden des Tages vergessen und geborgen überkam ihn der Schlaf.

7.
Die Furcht des Fikre Selassie

Als die politische Schulung beendet war und die Gefangenen in ihre Zellen geführt wurden, befahl das zuständige Mitglied des Kaders, man solle Abebe im Hof lassen, und sie setzten ihn so, daß ihm ständig die Sonne ins Gesicht schien.
 Nachmittags kam ein Wächter und schrie ihn an. Er hätte aufzustehen. Abebe erhob sich mit tauben Gliedern. Der Wächter wies auf einen Korb. Der sei von Abebe's Mutter.
 Beim Anblick des Essens begann Abebe zu weinen. Zerrissene Injerafladen und zerbröckeltes Brot mischten sich im Korb. Das mit Kohlsuppe gefüllte Gefäß lag umgekippt in dem Durcheinander und die Suppe weichte Brot und Injera zu Matsch.
 Jemand hatte sich vor ihm bedient und ihm einen Rest überlassen. Trotz allem drängte der Hunger und Abebe griff nach dem Korb. Doch der Wächter drückte ihn an seinen Bauch und fragte: „Hast Du Geld?"
 Verwirrt murmelte Abebe: „Geld? Wozu Geld?"
 „Ich brauche einen Haarschnitt", betonte der Wächter.
 Abebe's Widerstand flackerte auf und er verneinte. Was hätte dem Wächter auch der einzelne Simoni bedeutet, der in seiner Tasche ruhte?
 „So, kein Geld! Zigaretten?"
 Abebe schüttelte verneinend den Kopf.
 „Dann werde ich morgen für Dich bei Deiner Mutter Zigaretten bestellen", grinste der Wächter.

„Ich... ich rauche nicht", stotterte Abebe.

„Wie gut für mich", lachte der Wächter, „Du wirst immer für mich Zigaretten bestellen, ist das klar?" Er reichte Abebe den Korb und trat ihn gleichzeitig leicht in die Kniekehlen, so daß er auf steifen Beinen strauchelte. Als Abebe sich gefangen hatte, bemerkte er einen anderen Wächter, der ihn von weitem beobachtete und er glaubte, den grauhaarigen Wolde zu erkennen. Doch ehe er ihm ein Zeichen geben konnte, schob ihn sein Wächter in das Haus.

Haarschnitt? Das ist die übliche Antwort, erklärte später Tesfaye. Abebe teilte mit ihm das Essen, denn von dessen Mahlzeit war weniger übrig geblieben als von seiner. Auch hatte ihm Tesfaye die Beine massiert. Die Wächter seien das einzige Bindeglied zur Familie. Gute Beziehungen zu ihnen bedeuteten das halbe Überleben. Es sei besser, seine Mutter würde die Zigaretten mitbringen, vielleicht auch mal Geld. Diese Gefälligkeiten, Tesfaye verzog bei dem Wort das Gesicht, diese Gefälligkeiten seien die Grundlage für eine einigermaßen menschliche Behandlung durch die Wächter. So erhielte man wenigstens sein Essen, und sei es auch nur ein Rest.

Nachts fielen die Wanzen aus den Löchern und die Anzahl der Flöhe vervielfachte sich. Flohbisse war Abebe gewohnt. Doch die Wanzen und die Läuse, deren Anwesenheit das heftige Kratzen vieler Gefangenen in ihren Haaren bewies, fürchtete er. Flöhe konnte man mit ausgiebigem Waschen und frischer Kleidung vertreiben. Für Wanzen und Läuse benötigte man verschiedene Mittel aus der Medhanit bet, der Apotheke, um sie zu bekämpfen und ein Friseur mußte einem den Schädel kahl scheren.

Noch war sich Abebe nicht richtig bewußt, daß sein Kopf voller Läuse das geringste Übel in diesem Gefängnis sein könnte.

Es war eine kalte Nacht, doch die Ausdünstungen und der Atem der Gefangenen heizten den Raum auf. Die Schwüle setzte sich als blasiges Kondenswasser an der Decke ab. An den Wänden lehnten apathisch Gefangene, andere hatten sich auf den Boden geworfen, die einzige Möglichkeit, überhaupt auf den Boden zu gelangen und lagen dicht an dicht auf der Seite, mehr übereinander als nebeneinander. In einer Ecke krümmte sich ein Mann, der am Nachmittag verhört worden war. Auf Rücken und Oberschenkeln suppte Blut. Er jammerte leise und verstummte nur für einen Moment, als Erbrochenes aus seinem Mund quoll. Einige Gefangene krochen zu ihm, reinigten seinen Mund und zogen vorsichtig die Kleidung von seinen Wunden.

„Wenn das Blut erst verkrustet ist, reißt man beim Ausziehen alles auf", flüsterte Tesfaye und Abebe sah ihn erstaunt an. Sie hockten mit angezogenen Knien an einer Wand. Abebe hatte in einem sinnlosen Versuch mit Hilfe seiner Decke ein Lager für sie beide bauen wollen. Neue Gefangene waren eingetroffen und in dem einsetzenden Gedrängel war die Decke beschmutzt worden. Mit letzter Kraft rettete sie Abebe und legte sie so zwischen Rücken und Mauer, daß die rauhe Wand nicht mehr in die Haut drückte. Die letzte Nacht und die Strapazen des Tages hatten Abebe zermürbt, doch die Ungewißheit vor dem nächsten Tag, die stickige Luft und die Enge des überfüllten Raumes unterdrückten jeglichen Schlaf.

Tesfaye zog sein Hemd aus und Abebe erkannte wulstige Narben auf seinen Schultern.

„Wo hast Du die her?", fragte er.

„Vom Gefängnis, von was sonst."

„Bist Du schon lange hier?", erschrak Abebe und wußte nicht, was ihn mehr erschreckte. Der Anblick der Narben oder die Auskunft über einen langen Gefängnisaufenthalt.

„Nein," antwortete Tesfaye, „dieses Mal nicht. Aber vor einigen Monaten haben sie mich schon mal geholt. Sie dachten, ich hätte Verbindungen zur EPRP. Daher die Narben. Sie schlugen mich, bis ich blutete und sehr krank wurde, und da ich nichts wußte und sie nichts mehr mit mir anfangen konnten, schickten sie mich nach Haus. Als Beweis ihrer Menschlichkeit, sagten sie zu meinen Eltern."

„Und dann?"

„Ich wurde gesund und fuhr nach Tigre. Zu Verwandten, die in Quiha leben. Als ich wiederkam, holten sie mich sofort, weil sie glaubten, ich hätte nun etwas mit der TPLF* zu tun. Sie haben mich verhört, bevor Du kamst. Aber es verlief sehr glimpflich. So ist es eben. Mal so und mal so."

„Hast Du denn was mit der TPLF?", wollte Abebe wissen.

Tesfaye schwieg. Er war sich Denku's Nähe bewußt, der versuchte, durch das Gebrabbel der Gefangenen hindurch der Unterhaltung zu lauschen. Was stellte dieser Grünschnabel auch für Fragen? Hatte er noch immer nicht erkannt, wo er sich befand? Außerdem: sollte er ihm sagen, daß er beim Verhör irgendeine Geschichte erfunden und damit seine möglichen Folterer be-

---

* „TPLF": Tigray People's Liberation Front
 (Sozialistische Oppositionsbewegung gegen den Militärrat)

friedigt und sich Schmerzen erspart hatte? Das würde er nicht verstehen. Noch nicht!

Aus dem Steinhaus, das rechtwinklig an das Gefängnis angebaut worden war, drangen Schreie und die Gefangenen stöhnten. Die Schreie rissen den Mann in der Ecke aus seinem Dämmerzustand und er wimmerte mit aufgerissenen Augen: ,,Ich habe nichts getan. Nichts getan."

Seine Freunde hoben seinen Kopf hoch und flößten ihm aus einer Flasche Wasser ein.

,,Wenn seine Wunden richtig eitern, wird er vielleicht nicht überleben", sagte Tesfaye.

,,Nicht überleben?", rief Abebe betroffen, ,,Gibt es keine Krankenstation?"

,,Doch, aber keine Medikamente. Mensch, bist Du naiv. Hast Du nie zuvor etwas von diesen Gefängnissen gehört?"

,,Doch, aber wenn man selbst in ihnen sitzt, ist alles anders, viel schlimmer..."

Lautes Rufen unterbrach Abebe. Türen wurden aufgerissen. Alle verstummten. Es war still. Totenstill. Auch Tesfaye's Atem stockte. Er kannte seine Strafe nicht, die ihm für die kleineren Vergehen, die er in seine Geschichte eingebaut hatte, bevorstand. Er faßte Abebe's Hand. Ein Schauer lief ihnen über den Rücken, als ein Kader zwei Namen in die Zelle rief. Einer aus der Ecke des Gefolterten, Berhanu, stand zögernd auf und wankte hinaus. Der Verletzte hob schwach zum Abschied einen Arm. Berhanu rief zitternd: ,,Lange lebe die EPRP". Ballte eine kraftlose Faust. Eine Ohrfeige schleuderte ihn aus der Tür. Der zweite Aufgerufene lag ausgestreckt auf dem Boden, drehte sich auf den Bauch und barg den Kopf zwischen den Armen.

,,Mulunech!" Der Ruf des Kaders dröhnte.

,,Nein, nein, nicht mich", schrie Mulunech. Schrie es in die Erde und die erstickte seinen Schrei.

Der Kader winkte lässig. Zwei Wächter zogen Mulunech wie einen Sack aus dem Raum. Mulunech urinierte und hinterließ eine nasse Spur, die unter den auf ihre Plätze zurückrollenden Gefangenen verschwand.

Abebe flüsterte entsetzt: „Was machen sie mit ihm?"
Tesfaye schwieg. Abebe glotzte auf den Mann in der Tür. Ihre Blicke trafen sich für Sekunden und Abebe fror.
Die Wächter verriegelten die Tür. Der Mann in der Ecke begann wieder zu wimmern und das Tuscheln der Gefangenen erfülllte den Raum.
Jetzt redete auch Tesfaye. „Frage nicht in Gegenwart der Kader oder der Wächter über das, was sie tun. Das ist nicht erlaubt. Dafür können wir alle gemeinsam bestraft werden."
„Weil einer gegen die Regeln verstoßen hat?"
„Ja, für einen!"
Abebe wischte sich kalten Schweiß von der Stirn und fragte: „Und die beiden, werden sie..."
„Hingerichtet".
„Wer hat sie verurteilt?"
„Es gibt kein Urteil. Es gibt kein Gericht. Die Dich verhören, entscheiden, was mit Dir geschieht. Niemand kann die Entscheidung ändern, wir sind ausgeliefert."
Aufschreiend trommelte Abebe mit den Füßen auf den Boden. „Das halte ich nicht aus, ich will raus."
„Hier raus? Irgendwann und irgendwie bestimmt", seufzte Tesfaye. Abebe hämmerte weiter mit den Füßen. Schlug seine Ellbogen gegen die Wand, bis sie schmerzten und er ausgepumpt gegen Tesfaye's Schulter rutschte. Der bettete Abebe's Kopf in seinen Schoß und dachte in wehmütiger Erinnerung: kleiner, dummer Bruder. Es wurde eine sehr lange Nacht.

Fikre Selassie kaute nachdenklich an einem rot-schwarzen Kugelschreiber, auf dem ein goldener Adler prangte. Ein entfernter Verwandter arbeitete als Gärtner in der Deutschen Botschaft, und Fikre Selassie hatte ihn beauftragt, die Stifte aus den alljährlichen Werbegeschenken für ihn abzuzweigen. Er erhielt ein ganzes Dutzend und sparsam verteilte er sie an verdienstvolle Untergebene.
Fikre Selassie übte ein schwieriges Amt aus. Er war der Vorsitzende des Kebeles. Und steckte in einer Klemme. Was heißt Klemme, grübelte er, es geht vielleicht um Leben und Tod. Um

mein Leben. Um meinen Tod. Da hatte er sich, durch vieles Bitten geschmeichelt und mit dem Segen der Regierung versehen, zum Leiter dieses Kebeles wählen lassen. Er hob die Augenbrauen. Jawohl, lassen. Die kleine Korrektur nach dem Auszählen der Stimmzettel, Papierstreifen, die in einem mit dem Foto des Kandidaten versehenen Umschlag gesteckt werden mußten, war zwar auf Anweisung von oben erfolgt, aber es war nur eine unbedeutende Anhebung seines Stimmenanteils nötig gewesen.

Sofort nach seiner Wahl stürzte er sich in die Arbeit. Nichts lag ihm mehr am Herzen als das Wohlergehen seiner Wähler. Er beschleunigte die Arbeit der Ausschüsse, die für die Erledigung bestimmter Aufgaben zuständig waren. Er brachte den Laden des Kebeles in Schwung, der bald regelmäßiger Teffsendungen erhielt als die anderer Kebeles. Er organisierte vormilitärische Übungen, führte Schulungen durch und veranstaltete in Abständen Versammlungen aller Mitglieder des Kebele's, um mit ihnen ihre Probleme zu diskutieren. In demokratischer Manier, man lebte in einer neuen Zeit. Mitten in seinem Höhenflug erreichte ihn eine strenge Ermahnung aus dem Derg*. Man beobachtete mit Genugtuung seinen Dienst am Volk, hieß es, müsse aber verwundert zur Kenntnis nehmen, daß es offensichtlich in seinem Kebele keine Antirevolutionäre und Feinde des Volkes gäbe. Das sei erfahrungsgemäß sehr ungewöhnlich. Fikre Selassie verstand die Drohung. Schon waren Vorsitzende von Kebele's von offiziellen Besuchen nicht mehr zurückgekehrt.

Er füllte das Gefängnis. Das für die Verhöre zuständige Komitee erhielt einen eigenen Raum. Die Vernehmungsmethoden wurden verfeinert. Erstaunt stellte Fikre Selassie fest, wie viele Gegner der Revolution es in seinem Gefängnis gab. Ein Lob, wer sehnt sich nicht nach einem derartigen Lohn, ein Lob also aus Regierungskreisen spornte ihn an und die Erfolgszahlen stiegen und stiegen. Da erhielt er eine andere Drohung. In der Jacke eines auf der Flucht, einer tatsächlichen Flucht, erschossenen EPRP-

---

*„Derg": Amharische Bezeichnung für den Militärrat
(Provisional Military Administrative Council)

Mannes wurde eine Namensliste gefunden. Nur Namen, keine weiteren Angaben. Fikre Selassie's Name stand an zweiter Stelle. Eine Weile rätselten die Experten darüber, ob ihre Vermutungen richtig seien. Die Zeit verging und brachte die Bestätigung. Der Mann, dessen Name vor Fikre Selassie auf der Liste stand, Kader eines anderen Kebeles, wurde beim Verlassen eines Ladens erschossen.

Nun fürchtete Fikre Selassie um sein Leben. Die Situation war nahezu ausweglos. Ermattete er in seinen Bemühungen um die Verräter des Vaterlandes, würde womöglich der Derg an seinem Lebensfaden säbeln lassen. Beharrte er auf seinem Eifer für die Sache, würde die EPRP einen Mann mit einer Pistole und einem Schalldämpfer schicken.

Er hielt die Kappe des Kugelschreibers zwischen seinen Zähnen und spuckte sie aus. Was half? Seine Gedanken tasteten durch ein Labyrinth. Irrwege erzwangen Umkehr, Auswege lagen im Dunkeln. Er mußte wissen, was in der EPRP vor sich ging, mußte wissen, was sie planten. Aber wie? Er sortierte Namen und Personen, knüpfte aus Bindungen und Abhängigkeiten ein Netz. Nichts. Da fiel ihm Abebe ein. Der war gestern Nacht für seinen verschwundenen Bruder Worku verhaftet worden. Dessen Name war in unklarem Zusammenhang auf Papieren aufgetaucht, die die Polizei in dem Versteck am Entoto gefunden hatte. Vielleicht war Worku EPRP-Mann, vielleicht nicht. Vielleicht wußte sein Bruder Abebe nichts über Worku und dessen Verbindungen. Vielleicht aber doch. Ein zartes Kerlchen, dieser Abebe, sinnierte Fikre Selassie, wenn man dem zu hart zusetzte, starb er, ohne ein Wort gesagt zu haben. Dieses Verhör mußte mit Vorsicht betrieben werden. Meistens halfen schon Kleinigkeiten. Kräftige Schläge ersetzen viele Worte. Fikre Selassie schnalzte mit der Zunge und dachte an das Mädchen, das gestern nackt und kopfunter an einer Eisenstange gebaumelt hatte.

Er würde persönlich die Befragung leiten.

8.
Entlassen

Thomas Danner stützte die Arme auf den Schreibtisch. Nebenan tippte Frau Blin die Kündigungen. Beflissen, doch ohne Verständnis für diesen Entschluß. Vor Danner lag ein Brief auf der tintenfleckigen Schreibtischunterlage. Er hatte ihn in der heutigen Post gefunden. Las den in holprigem Englisch geschriebenen Text.

Sehr geehrter Herr Direktor,
mein Name ist Haile Meskel und ich bin 19 Jahre alt und war Schüler der 10. Klasse der Debre Zeit Oberschule in 1975. Meine Mutter starb, als ich noch sehr jung war, und ich weiß nicht, wie sie ausgesehen hat. Fünf Jahre nach dem Tod meiner Mutter folgte ihr vor dreizehn Jahren mein Vater. Obwohl ich niemand hatte, der sich um mich kümmerte, sah ich nicht nach rechts und nach links, verlor nicht meinen Weg aus den Augen und ging so bald wie möglich zur Schule. Weil ich dachte, das sei die einzige Garantie für mein späteres Leben. Aber auf Grund der gegenwärtigen Situation besuche ich nicht mehr die Schule. Da niemand da ist, mir zu helfen und da auch niemand da ist, der mich kennt und den ich kenne, bin ich jetzt in großen Schwierigkeiten. Ich habe nichts zu essen. Andere essen fünf Mal am Tag. Ich habe keine Wohnung. Andere leben in Appartments. Ich trage dreimal gebrauchte Kleidung. Andere haben 30 Paar Schuhe und viel Kleidung. Lassen Sie mich hier mit der Aufzählung aufhören und zum eigentlichen Anliegen meines Briefes

kommen. Ich schreibe diesen Brief an Sie, damit Sie mich in Ihre Abteilung aufnehmen. Als Wächter oder als Arbeiter. Ich kann alle Arbeiten ausführen und auch Kinder unterrichten. Ich habe den Abschluß der 10. Klasse und kann Ihnen die Urkunde zeigen, wenn Sie es wünschen. Oder wenn Sie Freunde haben, die Arbeiter suchen, bringen Sie mich bitte mit Ihnen in Verbindung. Hier in Äthiopien oder in Ihrem Land Deutschland. Ich suche eine Stelle seit 1976. Aber ich fand keine. Es tut mir sehr sehr leid. Aber ich bin ohne Hoffnung. Sie helfen mir zu überleben, wenn Sie diesen Brief lesen. Bitte verbessern Sie meine Fehler.

Im Dezember 1977

Ihr sehr ergebener
Haile Meskel.

Danner starrte auf die Druckbuchstaben und fühlte sich unwillkürlich an einen anderen, sehr alten Text erinnert. Er ging in das Lehrerzimmer. Wanderte das Bücherregal entlang, fand eine Bibel und setzte sich in seinem Büro auf die Ecke des Schreibtisches. Blätterte hin und her, las diagonal, entdeckte schließlich mit suchendem Finger: Denn ich war hungrig, und ihr habt mich nicht gespeist; ich war durstig, und ihr habt mich nicht getränkt; ich war fremd, und ihr habt mich nicht beherbergt; ich war nackt, und ihr habt mich nicht bekleidet; ich war krank, und im Gefängnis, und ihr habt mich nicht besucht.

Seltsam, dachte Danner. Las nochmals. Die Übereinstimmung mit dem Bibeltext berührte ihn. Hatte der Junge abgeschrieben? Er verwarf den Gedanken, er hatte einen ganzen Ordner mit Bittbriefen gefüllt. Ob er den gestern abend hätte zeigen sollen? Ach, es zählte ja doch nur der Haushalt, labour proclamation, Paragraphen. Aber vielleicht hatte der Vorstand recht, war seine eigene Argumentation zu verbissen. Hatte er alles zu einäugig gesehen? Bisher hatten sich alle Entscheidungen des Vorstands als ausgewogen und sachlich erwiesen. Und Specht war im Grunde tatsächlich ein armer Teufel, dem die Klippen und Untiefen des Lebens hart zusetzten. Man mußte ihm manches nachsehen.

Ob er die Kollegen um Spenden bitten sollte? Er rechnete hastig. Ein Prozent ihres Gehaltes, aber Lehmann! Außerdem, der Vorstand hatte gestern abend unumstößlich entschieden und ihn beauftragt... Frau Blin unterbrach seinen Gedankengang und legte die Kündigungsschreiben auf den Tisch. Wunderte sich über die Bibel in der Hand Danners. Sie hatte den Direktor öfters in der deutschen evangelischen Kirche getroffen, aber die Bibel in diesem Büro?

„Vielen Dank", sagte Danner, „lassen Sie bitte Menegescha als ersten holen. Und schicken Sie bitte Tedla zum Dolmetschen hoch."

Daß Menegescha, der Vorsitzende des Betriebsrates, auf der Liste stand, erschwerte die Angelegenheit. Er seufzte tief. Was soll's. Der Stein war geworfen, eine Lawine nicht mehr aufzuhalten. Und zeichnete mit in sich verkriechen wollender Unterschrift.

Menegescha war längst orientiert. Tedla, der äthiopische Verwalter der Schule, hatte ihn informiert.

Tedla hatte vor vielen Jahren in Deutschland eine kaufmännische Ausbildung erhalten, sprach fließend Deutsch und verspürte seit einigen Monaten eine heftige Abneigung gegen die Deutschen und gegen Danner insbesondere.

Ihm unterstanden alle äthiopischen Angestellten, er war das Bindeglied zu den Deutschen und kontrollierte den Zugang zu ihnen wie eine Festung, eine Hafenzufahrt. Seine Tätigkeit war mit vielen Versuchungen gespickt, die Barauszahlung der Gehälter etwa bot verlockende Möglichkeiten für einen Mann wie ihn.

Nach der Pflege seiner üppigen Gestalt galt für ihn als vornehmste Pflicht die Überwachung der Arbeit der äthiopischen Angestellten. „Keine leichte Aufgabe", versicherte er ständig. Um die Arbeitsmoral zu stärken und Versäumnisse zu ahnden, hatte er ein ausgeklügeltes Lohnabzugssystem eingeführt. Auf diese Weise verblieb jeden Monat ein achtbares Sümmchen in der Kasse. Da es verlorene Zeit war, den Deutschen seinen Geniestreich zu erklären, — niemals würden sie die Richtigkeit der Maßnahme verstehen —, und da die Rückzahlung der Gelder wortreicher Erklärungen bedurft hätte, beschloß Tedla, das Geld in seine Obhut zu nehmen. Und um es vor der Gefahr des Verrottens zu bewahren, verwendete er es als einen persönlichen Kredit.

Vor kurzem hatte er die Kürzungen zu streng bemessen, und der Unmut der Arbeiter drang bis zu Danner. Das darauf folgende Gespräch empfand Tedla nicht nur als unfreundlich, sondern ungerecht. Er mußte erkennen, daß seine gut bezahlte Stellung in Gefahr war, und obendrein hatte Danner ihn beauftragt, die einbehaltene Summe festzustellen und anteilig den Arbeitern auszuzahlen.

Dieser Undank für treue Pflichterfüllung ließ ihn die Deutschen verabscheuen und er versuchte, ihnen Schwierigkeiten zu bereiten, wo immer er konnte. Selbstverständlich insgeheim. Er dehnte seine täglichen Kontrollgänge aus und befahl dieser alten Ziege, die im Keller die Abzugsmaschine bediente, ihm unverzüglich ein Exemplar aller Vervielfältigungen zu bringen. Es bedurfte etlicher Drohungen, bis es funktionierte, doch dann verfolgte Tedla interessiert die Diskussion um die geplanten Entlassungen. Und nicht nur die. Um die Fristverlängerung der angeordneten Rückzahlung des Kredits zu gewährleisten, bewies er eine plötzliche Zuneigung zu Menegescha mit der Weitergabe entsprechender Informationen.

Menegescha war ein wichtiger Mann. Seit zehn Jahren arbeitete er als Tellerwäscher in der Internatsküche. Vor einem Jahr war das Internat geschlossen worden, und seit dieser Zeit bewahrte Menegescha den glänzenden Küchenstahl vor dem Verfall. Die überschüssige Zeit füllte er mit einer ehrenvollen Tätigkeit. Die äthiopischen Angestellten hatten den geduldigen, immer ein Wort des Trostes bereithabenden Menegescha zu ihrem Betriebsrat gewählt. Die Einstimmigkeit der Wahl beraubte Menegescha der Möglichkeit, sich ihr zu entziehen, und schüchtern nahm er Wahl und schulterklopfende Glückwünsche an.

Seine früheren gelegentlichen Ausflüge aus der Küche weitete er, seinem Auftrag gemäß, zur regelmäßigen Pflicht aus. Die vom vielen Umgang mit seifigem Wasser spröde gewordenen Hände hinter den Rücken verschränkt, diskutierte er auf dem Sportplatz mit den Gärtnern, die mit blinkenden Sicheln Halbkreise in das Gras schnitten, mal in einer Ecke, mal in der Mitte des Platzes, und irgendwann in den nächsten Tagen würden sie den ganzen Sportplatz gemäht haben. Er besuchte nachmittags die Putzfrauen, die mit Fellresten unter den Füßen das Linoleum polierend durch leere Klassenzimmer huschten. Mit seinen Scherzen erntete er dankbares Gelächter, das sich ansteckend durch Gänge und Flure verbreitete. Er klopfte mit dem Fahrer des Schulbusses verbeultes Blech aus und versorgte ihn mit Reinigungsmitteln für seine öligen Hände. Das Werkzeug haltend, lauschte er den Erklärungen des Schulschlossers, der einen tropfenden

Wasserhahn reparierte, und stand mitunter ehrfürchtig und barhäuptig zwischen den beiden Fahnenmasten vorm Tor, wenn die Wächter langsam die äthiopische und deutsche Fahne einholten. Und mit der Zeit wuchs sein Vertrauen zu sich selbst. Er schlichtete Streit. Besänftigte Unzufriedene. Organisierte Schulungen. Besuchte die Kranken. Stritt zäh mit Tedla über dessen Lohnbeschneidungen. Alle waren sich einig: eine bessere Wahl hätten sie nie treffen können.

Und jetzt nahte ein weiterer Höhepunkt in Menegescha's Karriere. Gemeinsam mit Tedla war er zum Schulleiter bestellt worden. Sicher ging es um die Rückzahlung der von Tedla einbehaltenen Gelder, überlegte er, oder gab es noch etwas anderes zu besprechen. Sollten etwa die Gerüchte, die Tedla verstreute, sich bewahrheiten? Entlassungen? Ausgeschlossen, vollkommen ausgeschlossen.

Spitzbauchig schob Tedla den weißbeschürzten Menegescha vor Danner, der einladend auf eine Sitzgruppe an der hinteren Wand seines Büros wies. Tedla zog an scharfen Bügelfalten seine Baumwollhose über die Knie, um ein Ausbeulen zu vermeiden und fiel in einen der beiden Sessel. Die Hände zwischen die Knie geklemmt, hockte Menegescha auf der Kante der Couch und grinste Danner an. Es war ein starres Grinsen und erinnerte Danner an den Schädel, der in einer Glasvitrine im Biologiesaal lag. Entweder war Menegescha's Oberlippe zu kurz oder seine Zähne zu lang geraten, jedenfalls zeigte er auch in brenzligsten Augenblicken dieses Lächeln.

Danner hielt die Kündigungsschreiben in seiner Hand und achtete sorgfältig darauf, daß sein feuchter Daumen keine Falten zog, Briefe dieser Wichtigkeit bedurften der Makellosigkeit im Äußeren. Unbehaglich verbarg er seine Suche nach geeigneten Worten hinter einer floskelhaften Erkundigung über Tedla's und Menegescha's Wohlbefinden, erntete Bejahung und begann mit einer Ansprache. Erfand Umwege und beging Unterlassungen, schlich sich spiralförmig an den Kern heran, nahm die Begründung der Entscheidung vorweg und sagte schließlich: „Ich bedauere es außerordentlich, aber all diese Dinge zwingen uns dazu, zehn unserer Mitarbeiter zu entlassen. Natürlich vor-

rangig Angestellte aus dem geschlossenen Internat und leider gehören daher auch Sie, Ato (Herr) Menegescha, trotz Ihrer Funktion als Betriebsrat zu den für die Entlassung bestimmten."
Mit der Erleichterung eines unversehrt über einen ersten Abgrund Gesprungenen bat er Tedla um eine wortgetreue Übersetzung. Der runzelte die Stirn, stützte seine gewichtigen Backen auf den Ellenbogen auf und erläuterte Menegescha kurz und bündig: „Na bitte, wie ich es Dir gesagt habe. Zehn Leute werden entlassen und Du gehörst zu ihnen."
Obwohl von Tedla gewarnt, traf Menegescha die Mitteilung wie ein Speerwurf aus dem Hinterhalt. Der Gedanke an einen tatsächlichen Vollzug der Kündigung war ihm nie gekommen.

Er starrte immer noch grinsend auf Danner. In zehn Jahren hatte er treu seinen Dienst getan, keinen Arbeitstag ausgelassen, voller Hingabe die vielen Teller und Tassen, das Besteck und die mächtigen Kochtöpfe gepflegt, Herd und Bratpfanne gereinigt und ständig darauf geachtet, daß der hölzerne Kochlöffel durch die Griffe des großen Kühlschrankes mit dem defekten Verschluß geschoben wurde. Wer sollte in Zukunft diese blitzende Küche vor dem Zerfall retten?

Schlimmer noch. Womit sollte er seine achtköpfige Familie nähren? Woher Geld für Teff und Brot, Gemüse und Tee nehmen? Aus war es mit dem Besuch der Oberschule für seine beiden ältesten Söhne. Das Geld, das seine Frau als Mamite (Hausangestellte) dazu verdiente, reichte nicht zum Sattwerden. Die ferenji's an der Schule, das reiche deutsche Volk, das Straßen baute und der Polizei diese wunderschönen Motorräder schenkte, das Krankenhäuser unterstützte und damals in Wollo und Tigre unzählige Todgeweihte vor dem Hunger gerettet hatte, dieses Volk sollte sein kümmerliches Gehalt nicht mehr zahlen können? Er dachte an das Hundefleisch, das ein Lehrer gestern aus der Stadt gebracht und für die Dauer seiner Unterrichtsstunden in den Kühlschrank geschleppt hatte. Gutes, frisches Fleisch. Für einen Hund?

„Die Kapitalisten haben uns ausgebeutet und jetzt wollen sie uns verstoßen," entfuhr es ihm und er wiederholte Begriffe, die ihnen ein Gewerkschaftsredner während einer Betriebsversammlung eingebleut hatte. Kapitalisten sind Ausbeuter. Nieder mit ihnen. Alle hoben die Faust. Einseitige Gymnastik, nannte das der einfältige Gärtner Asrat in grundsätzlicher Verkennung dieser Bekräftigung.

„Es ist sehr schlimm für ihn, Herr Danner", übersetzte Tedla. In der Gewißheit über die aussichtslose Lage bei der Suche nach einem neuen Arbeitsplatz hätte er versucht, diesen Beschluß zu verhindern, führte Danner aus. Immerhin hätte sich der Vorstand sehr großzügig gezeigt und eine weit über den Vorschriften liegende Abfindung gewährt.

Tedla spürte das Mitgefühl Danners, witterte Gefahr und übersetzte: „Diese Ausländer gleichen sich alle. Jeder denkt nur an sein eigenes Wohl. Und der hier ganz besonders."

„Alle Macht dem Volk. Gleiches Recht für alle. Nieder mit Feudalherrschaft und Parasitentum", murmelte Menegescha abwesend.

„Du mußt etwas unternehmen. Du bist der Betriebsrat. Deine Stimme hat Gewicht. Wird gehört. Auch außerhalb der Schule", bohrte Tedla.

„Morgen", murmelte Menegescha, „gleich morgen früh gehe ich zur Gewerkschaft."

„Eine gute Idee", sagte Tedla begeistert.

„Bitte, können Sie mich auch an der Unterhaltung teilnehmen lassen?", fragte Danner nervös.

„Ja, also Ato Menegescha überlegt. Er muß es den anderen sagen. Das wird sehr traurig werden", sagte Tedla.

„Das ist nicht nötig. Es war unsere Entscheidung und nicht die von Ato Menegescha", unterstrich Danner, „ich werde den anderen Entlassenen die Kündigungsschreiben überreichen. Der Empfang muß sowieso schriftlich bestätigt werden."

Er schob zwei Seiten Papier zu Menegescha und legte einen Kugelschreiber daneben.

„Nicht genug, daß Du entlassen wirst, Du mußt auch unterschreiben, Deinen eigenen Rausschmiß anerkennen", stichelte Tedla. Mit bebenden Fingern malte Menegescha seine Unterschrift.

„Wenn Sie nichts dagegen haben, möchten wir jetzt gehen", bat Tedla.

„Selbstverständlich, bitte", antwortete Danner. An seiner Erleichterung nagte leises Mißtrauen. Hatte Menegescha wirklich akzeptiert? Ohne langatmige Proteste? Er biß sich auf die Lippen. Zu dumm von mir, kein Amharisch gelernt zu haben, dachte er und verwünschte seine Trägheit. Zu gern hätte er die Unterhaltung seiner Besucher verstanden.

Menegescha verabschiedete sich händeschüttelnd. Sein Grinsen schien noch unbeweglicher geworden zu sein.

Danner deutete Tedla, er möge bleiben. Der erschrak, er hatte immerhin noch keinen Cent seines Krediets zurückgezahlt und erhoffte sich Einsparungen durch die Entlassungen. Dieser Danner würde es fertigbringen und ihn in dieser Stunde nach derartigen Unwichtigkeiten fragen.

„Sie müssen für die Nächsten übersetzen", vernahm Tedla zu seiner Erleichterung.

Es kamen die Putzfrauen Weineschet und Tagesetch, Denkenesch und Girmasch und Saba. Die Gärtner Asrat und Abate. Die Tellerwäscher Tadesse und Mesfin.

Einigen schossen die Tränen aus den Augen, und Danner sah mit Bedauern auf die nassen Flecken auf den Briefen. Tadesse war wie vom Blitz getroffen und mußte betäubt zur Tür geführt werden. Niemand jammerte. Niemand rang gestenreich die Hände. Niemand bat um Gnade. Das hatten sie gelernt, wortlos und mit gebeugtem Rücken die Entscheidungen der Mächtigen hinzunehmen. Duldendes Klagen erfolgte draußen vor der Tür. Nur Asrat wagte einen Einwand. „Ich bitte um Entschuldigung", sagte er durch Tedla's Mund, „aber ich verstehe nicht. Nur weil weniger Kinder die Schule besuchen, gibt es doch nicht weniger Blumen und Unkraut im Garten."

Darauf wußte Danner keine Antwort.

Als alle gegangen waren, nahm er die Hundertbirrscheine aus dem Umschlag, den er für den Fall bestürzter oder hartnäckiger Einwände unter die Briefe gelegt hatte. Es war sein privates Geld. Er schob es in die Brieftasche. Es hatte der die Kündigungen mildernden Wirkung des Geldes nicht bedurft. In der Toilette wusch er sich die vom vielen Begrüßen und Verabschieden klebrig gewordenen Hände und kühlte sein Gesicht. Der Auftrag war ausgeführt. Die Last abgelegt. Doch die ersehnte Befreiung blieb aus.

Danner öffnete ein Fenster und während die Sonne sein Gesicht trocknete, beobachtete er einen Polizisten, der sich vor dem angrenzenden Museum auf einem Stuhl lümmelte und sein blaues Käppi unter eine Achselklappe schob. Den ganzen Tag in der frischen Luft, was für ein Leben, dachte Danner.

Menegescha berief für den Nachmittag eine Betriebsversammlung ein. Die lachenden Rufe der Frauen, die sonst über den Hof schallten, waren verstummt. Viele hatten die Schule gerade in dieser Zeit für ein Bollwerk gehalten. Für den Garant von Lohn und Brot. Schweigend hörten sie Menegescha's Worte. Der löste die Lähmung. Er trage die Verantwortung, rief er, nicht nur für seine Familie, sondern auch für seine Kollegen. Er sei der Betriebsrat. Alle hätten ein Recht auf Arbeit. Das verkünde die Revolution. Er würde sich in ihrer Namen wehren, und sie scharten sich voller Hoffnung um ihn.

9.
Abebe's Geständnis

Noch bevor das Morgenlicht durch die vergitterten Löcher unterhalb der Decke sickerte, hasteten die Wanzen in ihre Verstecke zurück. Es war eine erfolgreiche Nacht für sie gewesen und nur einige von ihnen hatten ihr Leben zwischen pressenden Fingernägeln verloren.

Die Wächter öffneten die Tür. Die Gefangenen schreckten aus ihren Wachträumen oder erwachten gemartert von den abgrundtiefen Wanderungen ihrer Seele. Auf den Wunden des Mannes in der Ecke lag brüchiger Schorf und sein Wimmern klang sehr heiser.

Diese zweite Nacht ohne Schlaf hatte Abebe's Kraft augehöhlt. Erschöpft vollzog er den Latrinengang. Das morgendliche Exerzieren dehnte sich endlos. Der Knüppel in seiner Hand wog mit jedem Schritt mehr. Als er sich von der Straße zurück durch das Tor schleppte, ließ Fikre Selassie ihn holen.

Die Wachen zerrten ihn zum Steinhaus und stießen ihn in einen muffig riechenden Raum. Abebe taumelte bis zu dem Tisch, hinter dem einige Männer saßen. Es war der Befragungsausschuß des Kebele's. Abebe erkannte den Kader, der gestern Berhanu und Mulunech aus der Zelle geholt hatte, und auch Nehussie. Neben diesem thronte Fikre Selassie. Abebe hatte erfahren, daß dieser einst so umgängliche Mann ein unerbittlicher Hüter der Revolution und ihrer Errungenschaften geworden war.

Das Verhör verläuft mal so und mal so, hatte Tesefaye gesagt. Mal schreien sie dich erst an, mal schlagen sie dich auch gleich. Mal hältst du es länger aus, mal nur Minuten. Stell dir das Schlimmste vor und es ist immer noch zu wenig.

Abebe's Herz trommelte dumpf.

Fikre Selassie schwieg. Die anderen auch. Fikre Selassie hatte sie mit der Bemerkung eingewiesen, daß es sich um einen besonderen Fall handele und man stufenweise vorgehen müsse, um einen frühen Kollaps zu vermeiden. Die anderen wußten von der Liste, auf der Fikre Selassie's Name stand und betrachteten dieses Verhör als seine Privatangelegenheit.

Abebe zuckte mit den Augen. Seine Finger krampften. Die Stille im Raum wuchs erdrückend.

Fikre Selassie mustere Abebe mit kalten Augen.

Sag alles, was Du weißt, hatte Tesfaye gesagt. Aber ich weiß nichts, Tesfaye. Du mußt ihnen etwas sagen, kleiner Bruder. Schweigen verschiebt die Entlassung in unerreichbare Ferne.

,,Zieh Dich aus!'', brach Fikre Selassie die Stille und seine Stimme klang wie das Zischen einer Schlange.

,,Ausziehen, hier?'', stammelte Abebe.

,,Sofort!'', befahl Fikre Selassie.

Abebe rutschte aus seinen abgetretenen Halbschuhen, warf fahrig Hemd und Pullover auf sie, es folgte die verblichene Hose und die Unterhose.

Nacktheit war Abebe nicht fremd. Es war nicht lange her, daß er in der Regenzeit mit Freunden an den Ufern übervoller Flüsse gebadet hatte. Doch hier fühlte er sich einer schützenden Hülle beraubt, wehrlos wie nie zuvor. Er hielt die Hände vor seinen Unterbauch und vernahm dankbar den Befehl, vor dem Tisch zu knieen. Das entzog ihn ihren Blicken.

,,Awon, ja, Herr.''

,,Ich bin nicht Dein Herr. Die Feudalherrschaft ist abgeschafft. Alle Menschen sind gleich'', sagte Fikre Selassie.

Die Gesichter der anderen gerieten in Bewegung. Sie lächelten. Aber es war kein gutes Lächeln.

,,Ja'', wiederholte Abebe und zitterte.

,,Wir geben Dir eine Chance. Erzähl uns alles, was Du weißt.

Sagst Du die Wahrheit, lassen wir Dich sofort frei. Du bist kein Lügner, nicht wahr?", stellte Fikre Selassie fest.

„Nein", bestätigte Abebe.

„Du gehörst zur EPRP!", behauptete Fikre Selassie übergangslos.

Abebe senkte den Kopf. „Nein, bestimmt nicht", flüsterte er.

„Aber Dein Bruder Worku!"

Abebe schwieg und Fikre Selassie schrie ihn an: „Wir wissen, daß es so ist."

Ehe Abebe antworten konnte, schrie Fikre Selassie weiter: „Wo ist Dein Bruder?

Warum hast Du uns nicht über seine Mitgliedschaft in der EPRP informiert?

Wer sind seine und deine Freunde?"

Verwirrt hob Abebe die Arme und stotterte: „Ich bin nicht in der EPRP. Ich weiß von nichts."

„Also doch," brüllte Fikre Selassie, „nichts als Lügen. Jeder von Euch muß die Namen von vier Mitgliedern kennen. Einer von ihnen ist Dein Bruder, wer sind die drei anderen?"

Abebe legte flehend die Hände auf den Tisch. Fikre Selassie fegte sie fort und starrte auf ihn herunter.

„Sag' die Wahrheit!"

„Ich bin nicht in der EPRP!"

„Und Dein Bruder?"

„Ich weiß nichts über ihn, ich weiß nicht mal, wo er ist."

„Nicht in Debre Markos?"

Abebe zuckte zusammen. Teodros mit dem Huhn!

„Das... das war am Anfang, gleich als er fortgegangen war. Er schrieb uns einen Brief."

„Also weißt Du doch etwas", tobte Fikre Selassie berechnend.

„Es tut mir leid, ich weiß nicht mehr. Ich will fort".

„So? Nichts getan? Mich nicht eben belogen? Und auch keine Parolen an die Wände geschmiert? Keine Pamphlete verteilt? Keine Bücher von diesem chinesischen Teufel gelesen? Keine Zitate von ihm verbreitet?"

Abebe's Augen flackerten. Fikre Selassie hielt ihm einen Fetzen Papier vor das Gesicht. „Und was ist das?"

Abebe sah ein gezeichnetes Emblem. Hammer und Sichel zwischen zwei Zweigen. Das kannte fast jeder. Wie auch der Name Mao vielen geläufig war.

„Das ist das Zeichen der EPRP", stammelte er.

„Und Du bist unwissend? Dieses Papier stammt aus einer Höhle am Entoto. Dort befand sich ein Lager der EPRP. Und dort ist auf mehreren Papieren der Name Deines Bruders festgestellt worden", schrie Fikre Selassie mit überschlagender Stimme. Das Wort Papier löste zwanghaft eine Gedankenkette in Fikre Selassie aus. Papier. Liste. 'Seine' Liste. Namen. Sein Name. Tod. Sie wollten ihn töten, ihn, den Vorsitzenden dieses Kebele's. Angst paarte sich mit seiner Wut.

„Willst Du wissen, warum das Lager entdeckt worden ist? Weil ein jüngerer Bruder freiwillig die Verfehlungen seines älteren Bruders gemeldet hat. Ein wahrhafter Held der Revolution!", geiferte er.

Durch Abebe's Hirn schoß eine grelle Flamme.

„Nein", rief er, „nein. Ich verrate meinen Bruder nicht."

Fikre Selassie erstarrte. Nicht verraten, hatte Abebe „nicht verraten" geschrien? Geschrien? Da war die Spur. Zeigte sich eine Öffnung, die aufs Einhaken wartete. Er glotzte auf die Männer neben ihm.

Girma puhlte unter seinen Nägeln, Tadesse wühlte in den Taschen seiner Lederjacke und Nehussie untersuchte die blauen Zwirnsreste, die ein verlorener Knopf aus seinem braunen Hemd hinterlassen hatte.

Die tun so, als ob das hier nur meine Angelegenheit ist, dachte Fikre Selasie verblüfft, oder war denen das etwa zu langweilig? Die liebten das schnelle Schlagen, weniger das gezielte Ausfragen. Das Zusammenfügen winziger Teilchen war eben nicht jedermanns Sache. Das erforderte Einfallsreichtum, Begabung, Bildung. Oder gehörte einer seiner gelangweilten Gefährten selbst zur EPRP? Hockte vielleicht sein zukünftiger Mörder neben ihm? Dem Vorsitzenden eines anderen Kebele's war am hellichten Tag mitten zwischen die Augen geschossen worden. In seinem Büro!

Abebe schwankte hin und her und sein Stöhnen lenkte Fikre Selassie von seinen Gedanken ab. Er zischte, und Girma und Tadesse sprangen auf. Umkreisten den Tisch und schlenderten zu Abebe. Es bedurfte nur eines Antippens und Abebe fiel hart auf die Erde. Behende fesselten die beiden Männer Abebe's Hände unter den Knieen, schoben eine Stange zwischen Arme und Beine, wuchteten sie hoch und legten sie auf zwei Wandhaken. Gelenke knackten und die Fesseln schnitten tief. Die Haut unter ihnen brannte wie Feuer. Abebe keuchte mit aufgerissenem Mund. Fikre Selassie trat neben ihn und griff suchend zwischen Abebe's Beine.

„Davon hast Du schon gehört, eh?" flüstere Fikre Selassie, „bist schon erwachsen." Er drückte sanft die Hoden. „In jede Hand einen Stein und bäng. Schon ist der Bock nutzlos!"

Abebe verdrehte in wahnsinniger Angst den Kopf. Fikre Selassie sprang zur Seite. Girma hob eine langschwänzige Peitsche. Nur einmal, hatte Fikre Selassie ihm eingeschärft, nur einen einzigen Schlag und er wird reden. Außerdem, wir wollen ihn nicht gleich umbringen.

Girma schlug und der Schmerz ringelte sich um Abebe's Körper. Seine Augen quollen aus den Höhlen, aber er biß sich auf die Lippen und schwieg.

Fikre Selassie gab ein Zeichen und Girma schlug mehrmals. Abebe schrie. Sie ließen ihn noch einige Zeit hängen, dann banden sie ihn los. Zogen ihn hoch und Abebe stand torkelnd vor Fikre Selassie, der den Papierfetzen auf Abebe's schweißnasse Brust klatschte und brüllte: „Jetzt bist Du EPRP."

„Ja", krächzte Abebe.

„Warum nicht gleich", sagte Fikre Selassie plötzlich leise. Und befahl: „Die Namen!"

Abebe's Kopf sackte nach vorn, und er rutschte aus dem Griff der beiden Männer. Wütend zerrte Fikre Selassie die Peitsche aus Girma's rechter Hand, und ihr Stiel zog eine Spur über Abebe's Gesicht. Doch der lag längst ohne Besinnung.

„Bringt ihn in seine Zelle. Und vergeßt die Lumpen nicht. Heute nacht werden wir Denku's Idee in die Tat umsetzen. Und dann wird er reden", schrie Fikre Selassie enttäuscht.

Sie schleiften Abebe aus dem Raum. Nehussie fragte: „Bist Du sicher, daß dieser Kerl Informationen hat?"

„Bist Du aufgewacht?", höhnte Fikre Selassie. „Ich verrichte Deine Arbeit und Du fummelst an Deinem Hemd. Dabei sind Dir wohl die Feinheiten entgangen?"

Nehussie gähnte. „Was soll's. Er hat nichts ausgesagt. Außerdem handeln bei der EPRP zu viele auf eigene Faust. Die kriegst Du nur, wenn Du sie einzeln erledigst. Aber Informationen über Aktionen? Das ist mehr als Glück."

„Sehr schlau. Worku ist der Bruder. Und ich muß jeder Möglichkeit nachgehen. Mein Name steht auf diesem Wisch, es geht um mein Leben, nicht um Deins."

Nehussie betätschelte seine Maschinenpistole, die er unter dem Stuhl hervorzog. „Das ist immer noch der beste Schutz. Aber wenn Du meinst. Heute abend. Einzelabfertigung. Doch Du siehst, wie gut meine Methoden sind. Dieser Tesfaye hatte sie noch in Erinnerung. Hat gleich gestanden. Ohne Aufwand. Schon ist die Sache erledigt."

„Ah, war doch nur Blabla. Angst vor Schlägen. Aber daß er jetzt mit Abebe angebändelt hat und der mit ihm. Denku ist sein Geld wert," sagte er lächelnd.

In seinem Arbeitszimmer starrte Fikre Selassie auf ein an der Wand hängendes Schwarzweißfoto. Ein Sprung in der Verglasung erweckte die Augen des abgebildeten jungen Mannes zum glitzernden Leben. Es war Oberstleutnant Mengistu Haile Mariam, der erste Vorsitzende des provisorischen Militärrates. Er hatte das Amt von seinem exekutierten Vorgänger, General Teferi Benti übernommen. Der wiederum hatte die Position für den auf ähnliche Weise umgekommenen General Aman Michael Andom angetreten.

Fikre Selassie nickte. Mit Regimegegnern verschwendete man keine Zeit. Vielleicht sollte er eine kleinere Ausgabe der Bilder von Marx, Engels und Lenin, wie sie am Platz der Revolution ausgestellt waren, dem Foto hinzufügen. Sie würden der kahlen Wand mehr Farbe verleihen. Aber sie müßten auch wirklich kleiner als das Schwarzweißfoto sein, denn Ethiopia tikdem, Äthiopien zuerst.

Er zog einige Papiere aus dem Schlitz, den eine eingeklemmte Schublade offen gelassen hatte. Studierte sie sorgfältig. Es handelte sich um die Einführung einer neuen Methode zum Aufspüren von Feinden der Revolution. Die Kollektivmethode.

Fikre Selassie stülpte die Lippen auf. Einzelvernehmungen hatten ihren Reiz, auch wenn sich mitunter bei ihm Ermüdungserscheinungen zeigten. Auch verlief nicht immer alles nach Plan. Das bewies die Panne mit diesem Mädchen. Ihr Haar war von Nehussie in Flammen gesetzt worden und nicht rechtzeitig gelöscht worden. Den entscheidenden Augenblick hatte er verpaßt. Die Flammen zerstörten das Gesicht des gefesselten Mädchens. Ein Gesicht aus Milch und Honig, erinnerte sich Fikre Selassie. Die schwere Verletzung verhinderte weitere Aussagen.

Ganz anders aber die neue Idee. Er konnte sich zeitraubende Verhöre ersparen und die Erfolgsstatistik sprunghaft steigern. Ein Sonntag, dachte er, ein schöner heißer Sonntag. Das ganze Kebele ist versammelt. Alle sitzen in der Sonne, ich hingegen unter einem luftigen Zeltdach. Schließlich muß ich meine Kräfte einteilen. Ich halte eine mitreißende Rede. Er sah hinüber zu Mengistu Haile Mariam. Die Demonstration fiel ihm ein, während der Mengistu mit Blut gefüllte Flaschen auf den Boden warf und die für die USA benannte über den Platz der Revolution kollerte und nicht zerschellte. Nein, das waren Späße für Zauberer. Unvermittelt fuhr er hoch. Hatte er eben gedacht oder laut gesprochen, wie er es neuerdings Berichten seiner Frau zu Folge im Schlaf tat? Ein Glück, er war allein. Seine Rede also würde mit einem Bluff enden. Einer herrlichen Lüge. Ich teile allen unmißverständlich mit, daß die Namen aller Staatsfeinde bekannt sind und deren Verhaftung unmittelbar bevorsteht. Und dann gebe ich ihnen eine Denkpause und versichere für den Fall der öffentlichen Selbstbezichtigung eine Strafminderung. Das ist der Schlüssel zum Erfolg. Er klatschte sich auf die Schenkel. Für die ersten würde er mit einiger Nachhilfe sorgen, die anderen kämen dann von alleine. Er berauschte sich augenblicklich an Erfolgszahlen, die später in der Realität noch übertroffen wurden.

10.
Vergeblicher Protest

Menegescha hatte seine khakifarbene Hose ausgeklopft und sein Hemd mit einer ausgefransten Jacke bedeckt. Ein weicher verwaschener Hut schützte ihn vor der Sonne. Er hatte sich für diesen Tag viel vorgenommen.

Unweit seiner Hütte überquerte er eine schmale, eiserne Brücke und schlenderte durch das Treiben eines Marktes. Begutachtete hier und da die Waren, die auf Plastikbahnen ausgestreut lagen. Rote Zwiebeln, Maiskolben, einige Handvoll Hirse, Salzstückchen, Weihrauchkristalle, Honig, Tontöpfe, Emailleplatten, groben Zucker, ranzige Butter, Holzkohle und geflochtene Körbe.

Die Marktfrauen hockten mit geschürzten Röcken auf der Erde und schlugen mit Stöcken auf die halbnackten und kreischend vorbeirennenden Kinder.

Vor einem Haus war eine Büchse über einen Stock gestülpt und Menegescha lief hastig an diesem Zeichen für ein Trinkhaus vorbei.

Am Ende des Marktes hingen in einer Holzbude Fleischstückchen von den Wanden. Ein Haufen Fliegen hockte auf ihnen. Der Fleischer winkte mit blutverschmierten Armen. Menegescha blieb an der Bude stehen und ein Wortschwall des Fleischers überfiel ihn. Menegescha schluckte, zuckte mit den Schultern und murmelte „Kein Geld". Er entfernte sich unschlüssig, doch dann ging er zielstrebig und mit gleichmäßigen Schritten seinen weiten Weg.

In der Nähe des weißen, alles überragenden Gebäudes der Stadtverwaltung hielt er schließlich und setzte einen Schuh, einen Armeestiefel mit brüchigem Leder, auf einen Holzkasten, dessen Deckel von unzähligen Schichten Schuhcreme geglättet worden war. ,,Reinige ihn gut'', sagte Menegescha zu dem Jungen, dem der Kasten gehörte, ,,ich habe was Wichtiges vor. Ich gehe zu einem bedeutenden Mann.''

Der Junge krempelte das Hosenbein eine Handbreit über dem Schuh um. Er holte aus der offenen Seite des Kastens ein Tuch und wischte den Schmutz vom Schuh, hob den Deckel einer Dose ab und tupfte mit einer Bürste in fettiger Schuhcreme.

„Nimm mehr, Junge, ich sage doch, ich habe etwas Wichtiges vor." Der Junge tupfte nach und verteilte die Creme mit kräftigen Strichen.

„Denk an die Absätze", mahnte Menegescha und die Bürste glitt um das schiefe Halbrund des Absatzes.

„Den nächsten Schuh, das Fett muß einziehen", sagte der Junge und Menegescha setzte das andere Bein auf den Kasten.

Später schönte matter Glanz die Risse im Leder und Menegescha spuckte befriedigt aus.

Er warf eine kupferne Münze in die ausgestreckte Hand des Jungen. Der sah hinein und hob die Hand höher hinauf.

„Was, nicht genug?", fragte Menegescha.

„Es ist nur ein Cent, Herr", flüsterte der Junge und senkte den Kopf.

Vergeblich suchte Menegescha in seinen Taschen.

„Sei zufrieden mit dem, was Du hast. Heute abend habe ich nicht mehr," sagte er laut, wandte sich schnell um und ging über die Straße zum Gebäude der ehemaligen Banco di Roma, dem Sitz der Gewerkschaft. Der Lärm einiger Autos übertönte den schimpfenden Jungen, der aus sicherer Entfernung Menegescha Verwünschungen hinterherrief.

Der Pförtner blickte träge auf Menegescha. „Halt, wo willst Du hin?", fragte er. Menegescha hob die Hände und während die Finger des Pförtners kleinen Schlangen gleich, das war die vor allen öffentlichen Gebäuden übliche Kontrolle, durch seine Kleidung fuhr, sagte er:" Ich will zum Genossen Teferi Makonnen."

„So, zum Genossen Teferi Makonnen", staunte der Pförtner und sagte atemlos:

„Kannst passieren."

In gleichmäßigem Tempo stieg Menegescha die Stufen zum zweiten Stock empor, kraftsparend, als müsse er für den Rest seines Lebens Treppen steigen. Auf dem Gang traf er einen Aktenträger, der sich rückwärts aus einer Tür wandte, Menegescha wartete geduldig, bis die Tür geschlossen war.

„Bitte, der Genosse Teferi Makonnen soll hier sein Büro haben?" fragte er und erschrak über seine laute Stimme.

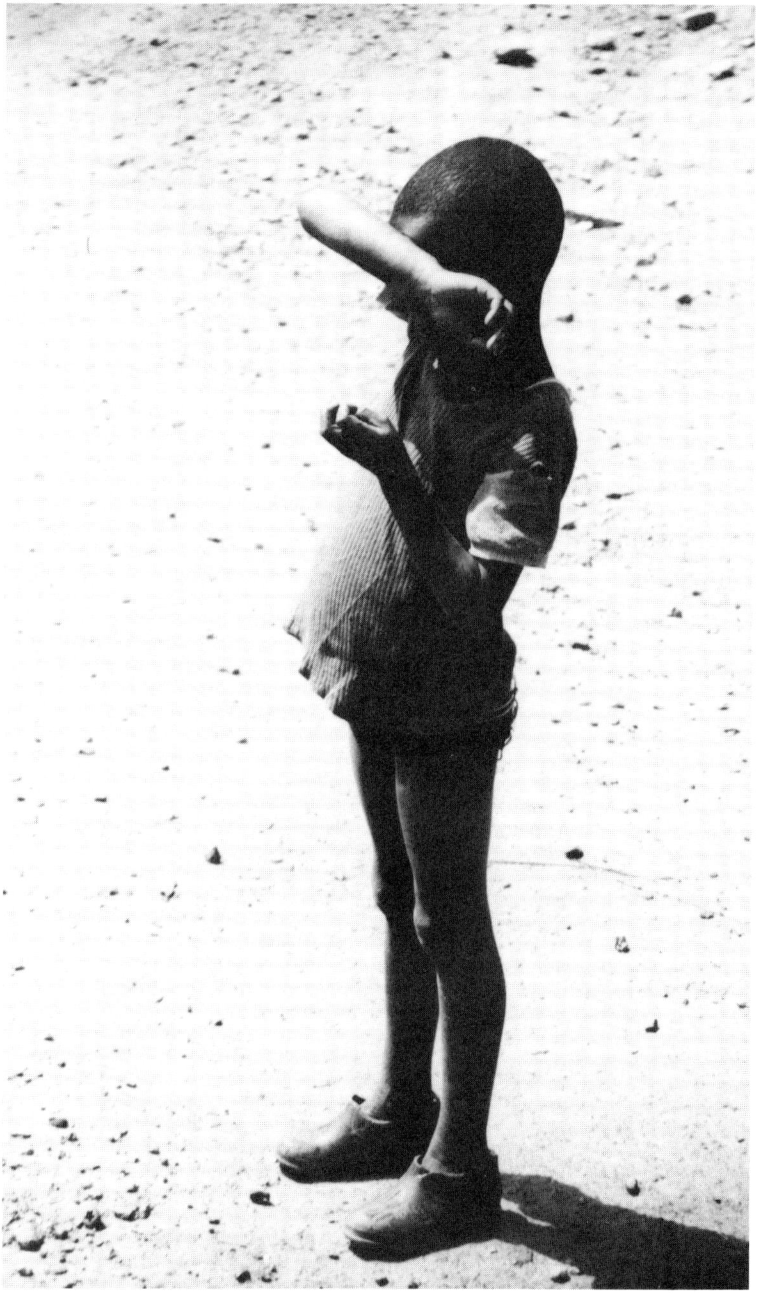

Der Aktenträger musterte Menegescha und dessen Selbstvertrauen geriet ins Wanken. Dann wies er auf eine Tür am Ende des Ganges und huschte davon.

Menegescha ging auf die Tür zu und je näher er seinem Ziel kam, desto langsamer wurden seine Schritte. An den Sohlen seiner Schuhe schien Blei zu kleben und ständig sein Gewicht zu erhöhen. Und in seinem Innern nagte aufkommender Zweifel an seiner Zuversicht. Vor der Tür blieb er stehen und lauschte dem Geklapper einer Schreibmaschine. Es saß jemand in diesem Zimmer und schrieb. Er schluckte an dem Kloß in seinem Hals. Sollte er nun oder sollte er nicht? Hinten im Gang erschien erneut der Aktenträger. Menegescha nahm allen Mut zusammen und klopfte an die Tür. Nichts geschah. Sein nächster Versuch dröhnte in seinen Ohren wie ein Trommelwirbel. Niemand rührte sich. Zaghaft öffnete er die Tür. Vor dem Fenster stand schräg ein Schreibtisch, hinter dem ein Mädchen saß und auf einer Schreibmaschine tippte.

Menegescha räusperte sich. Das Mädchen sah auf.

,,Ich bitte um Entschuldigung, aber ich dachte, das Klopfen hätte niemand gehört und da bin ich einfach hereingekommen'', sagte er heiser.

,,Ich habe auch nichts gehört'', stellte das Mädchen freundlich fest und Menegescha schloß die Tür. Die Verbindlichkeit des Mädchens ermunterte ihn.

,,Ich... ich möchte den Genossen Teferi Makonnen sprechen.''

,,Den Genossen Teferi Makonnen?''

,,Ja, den. Bitte.''

,,Hast Du einen Termin? Ich habe Dich noch nie hier gesehen!'' Termin? Menegescha trat der Schweiß auf die Stirn. Das hatte Tedla nicht erwähnt. Einfach hingehen, hatte der gelacht, die sind für das Volk da.

,,Was ist?'', fragte das Mädchen weniger freundlich.

,,Ich bin Betriebsrat, und wir haben bei uns ein Problem. Und da dachte ich, ich gehe zur Gewerkschaft'', sagte Menegescha mit trockenem Mund und wandte sich zur Tür, ,,aber wenn der Genosse beschäftigt ist, sollte ich besser gehen. Dann komme ich ein anderes Mal.''

„Betriebsrat? Wo?", hielt ihn das Mädchen auf.
„An der deutschen Schule."
„Deutsche Schule? Es ist wohl ein besonderer Fall? Warte, ich frage mal nach", anwortete das Mädchen. Sie ging zu einer anderen Tür, öffnete einen Spalt und flüsterte mit einem Unsichtbaren. Beklommen stand Menegescha vor dem Schreibtisch und drehte unablässig seine Mütze zwischen den Händen. Ihm war unwohl, seine Knie zitterten und alles Denken schien aus seinem Kopf zu weichen. Fast hatte er das Gefühl, als schwebe ein Ballon auf seinem Hals.
„Du hast Glück", rief das Mädchen, „Ato Teferi Makonnen hat einen Moment Zeit für Dich."
Menegescha taumelte in das Zimmer hinüber. Hinter dem ausladenden Schreibtisch, der vielleicht vor der Enteignung der Bank dem Direktor gehört haben mochte, saß der Genosse Teferi Makonnen und sah Menegescha mit Würde entgegen.

„Ich bin Menegescha, ich... ich möchte Sie sprechen", sagte Menegescha und auch ein Tauber hätte die Verlegenheit in seiner Stimme bemerkt.
„Wie geht es Ihnen?", fragte Teferi Makonnen und reichte eine schlaffe Hand, Kennzeichen aller bedeutenden Männer.
„Wie geht es Ihnen?", antwortete Menegescha und drückte erleichtert über soviel Freundlichkeit seine Schwielen in die weiche Hand.
„Bitte, setzen Sie sich."
Menegescha versank in einem abgewetzten Ledersessel, und plötzlich thronte Teferi Makonnen über ihm, und er fühlte sich wieder beklommener.
„Was kann ich für Sie tun?"
„Ich... bin Betriebsrat an der deutschen Schule."
„Ah, ein Vertreter des Fortschritts."
„Ja, vielleicht... eh... ich bin also der Betriebsrat. Die Deutschen wollen ein paar von uns entlassen, mich auch, und wir wollen etwas dagegen unternehmen."
„Leute entlassen? Sie auch? Haben Sie das schriftlich?", fragte Teferi Makonnen.

Schriftlich? Was stellt der für Fragen. Wäre ich sonst hier, dachte Menegescha und sagte: „Ja, gestern haben wir die Kündigungen erhalten."
„So, und was wollen Sie dagegen tun?"
„Wir? Wir dachten, daß Sie, die Gewerkschaft die Entlassungen verhindern kann", erwiderte Menegescha.
„Das wird schwer sein. Das müssen wir zunächst einmal prüfen. Bitte bringen Sie uns alle Schreiben."
„Überprüfen? Dauert das lange?"
„Je nach dem."
„Dann sind wir alle vielleicht schon entlassen, bis die Prüfung abgeschlossen ist."
„Das kann passieren, aber entlassen sind Sie doch schon jetzt. Sie meinen sicher, daß sich die Prüfung über ihren Kündigungstermin hinaus erstreckt."
Menegescha schwieg und hörte fragend in sich hinein. Gewerkschaft, dachte er, sie sagen, sie kämpfen für unser Recht, und jetzt bin ich hier und will ein Recht, und da müssen sie erst prüfen. Vielleicht wollen sie auch gar nicht helfen. Dieser mächtige Genosse Teferi Makonnen, Vorstandsmitglied der Gewerkschaft, der überall die Ausbeutung angeprangert hat, die Vergangenheit verdammt und die neue Zeit gepriesen hat, hatte der keine Lust? War der bequem? Oder hatte der Angst? Und er gab sich einen Ruck und sprang, sprang viel weiter als jemals zuvor in seinem Leben.
„Nein", sagte er mit fester Stimme, „nein. So geht das nicht. Die Gewerkschaft muß jetzt, sofort, etwas tun."
Teferi Makonnen stieß den Stuhl nach hinten und ging zum Fenster. Dieses Häufchen Elend stellte Forderungen? Kam verlegen durch die Tür und verlangte Unmögliches! Unverschämter Kerl! Grobes Benehmen! Aber ich kann ihn so nicht gehen lassen, womöglich verdreht er die Tatsachen und erzählt überall herum, ich hätte ihm nicht helfen wollen.
Er zog aus seiner engen Lederjacke ein Päckchen importierter Zigaretten, holte eine heraus und zündete sie an. Blies Menegescha den Rauch vor die Nase und sagte: „Hier, Sie rauchen. Sehe ich doch. Nehmen Sie sich eine."

Menegescha nahm das Päckchen und rieb das glatte Papier zwischen seinen Fingern und gab es schnell zurück.

„Nein, danke, ich rauche nicht", log er.

Das wird schwierig, dachte Teferi Makonnen, sehr schwierig. Wenn so ein Bursche meine Zigaretten zurückweist! Aber ich kann ihn nicht laufen lassen. Unzufriedene schaffen Ärger und die Zeiten sind sehr unsicher.

„Wissen Sie eigentlich, warum Sie entlassen worden sind?" fragte er.

„Der Direktor sagte, daß die Schule weniger Geld hat. Und das Internat ist geschlossen worden."

„Internat? Geschlossen? Aber das ist die Stillegung eines Betriebes. In solchen Fällen sind Entlassungen erlaubt", sagte er erleichtert und blättert in dem abgelaufenen italienischen Kalender auf seinem Tisch. Schöne Bilder!

„Genosse Teferi Makonnen," rief Menegescha, „aber die Regierung sagt, daß die Zeit der Ausbeutung vorbei ist. Nicht die Großgrundbesitzer und Reichen, die Fürsten und ihre Beamten entscheiden mehr, sondern wir, das Volk. Der Wohlstand ist für alle. Jeder, auch der Ärmste, soll seinen Anteil erhalten. Das ist versprochen worden. Also müssen Sie etwas tun. Wo bleibt sonst unser Anteil?" Teferi Makonnen massierte seinen kahlen Kopf.

„Sie werfen einiges durcheinander. Selbstverständlich sollen Sie Ihren Anteil am Volksvermögen erhalten. Das ist eine Errungenschaft der Revolution. Und Ihr Anteil ist eigentlich Ihr Arbeitsplatz an der deutschen Schule."

„Ist? Aber wir sind entlassen worden, das sagen Sie selbst."

„Wir müssen eben die Richtigkeit dieser Maßnahme überprüfen, meinetwegen. Ob die Entscheidung den Bestimmungen der labour proclamation entspricht, und ich meine ja, wie ich schon sagte."

„Dann werden Sie sicher nach Ihrer Prüfung den Deutschen rechtgeben und nicht uns. Was dann? Haben Sie einen neuen Arbeitsplatz für uns?"

„Neuen Arbeitsplatz? Sind Sie verrückt? Wir sind die Gewerkschaft und keine Arbeitsvermittlung. Außerdem sind Arbeitsplätze knapp. Die Feinde der Revolution versuchen mit allen Mitteln, unsere Erfolge zu verhindern."

„Dann müssen Sie die Entlassungen unterbinden."

„Schweigen Sie", brüllte Teferi Makonnen, „wer gibt Ihnen das Recht, Forderungen zu stellen? Wer sind Sie? Ein kleiner Betriebsrat, ein Herr Niemand, und Sie wollen mir Vorschriften machen?" Seine Faust schnellte vor. „Gehen Sie zurück in Ihre Schule. Bringen Sie mir die Kündigungsschreiben. Dann sehen wir weiter."

Menegescha stand auf, und in dem Maße, in dem er sich erhob und immer tiefer auf den vor ihm sitzenden Teferi Makonnen herunter sah, wuchs sein Selbstvertrauen.

„Nein", sagte er, „ich werde nicht wiederkommen. Nicht zu Ihnen. Sie sind auch nur einer von vielen. Es gibt andere, die mehr zu sagen haben."

Er ging mit einer tiefen Verbeugung aus der Tür. Rückwärts trotz allem. Wütend zerquetschte Teferi Makonnen die amerikanischen Zigaretten und schleuderte sie an die Tür.

Als Menegescha auf die Straße trat, hörte er lautes Kindergebrüll. Ein Junge raste an ihm vorbei. Eine Horde Halbwüchsiger folgte ihm grölend und Steine werfend. Die Steine knallten auf den Asphalt und kollerten noch ein Stück. Der Junge lief weiter und erreichte keuchend das untere Ende der Straße. Da ertönte neues Gebrüll und andere Kinder stürmten auf ihn zu und trieben ihn wieder die Straße hinauf. Der Junge schrie verzweifelt und seine Stimme zerriß, als ihn ein Stein am Kopf traf und er flach auf die Straße fiel. Die Kinder umringten ihn und jubelten: „Da haben wir ihn. Räuber. Bandit."

Menegescha drehte sich schnell weg und dachte: sicher ein Dieb. Da hält man sich besser heraus. Ihm fiel ein Satz ein, den er irgendwo gehört hatte: Revolutionen fordern ihre Opfer. Er verstand nur nicht, warum er gerade jetzt an diese Worte denken mußte.

In der Schule sagte Menegescha zu den versammelten Angestellten: „Teferi Makonnen will erst alles überprüfen. Vorher kann er nichts tun."

„Vorher nicht?" stammelte ungläubig Tadesse, einer der Entlassenen.

„Ach, Teferi Makonnen ist noch von gestern. Du mußt woanders hingehen", warf Tedla ein.

„Ja, woanders hin", echote die Versammlung.

„Daran habe ich schon gedacht. Ich gehe zum Arbeitsminister. Am Montag."

„Zum Arbeitsminister. Am Montag", wiederholten alle.

„Menegescha", sagte Tedla und schüttelte ihm feierlich die Hand, „das ist eine gute Entscheidung. Und nimm all die anderen Entlassenen mit."

Wieder drängten sich alle um Menegescha. Er war ihr Führer, und notfalls würden sie ihn auf ihren Schultern zum Arbeitsministerium tragen.

11.
Die Hinrichtung

Am Nachmittag durfte Abebe seine Mutter sehen. Politische Krankheiten hatten sich als ansteckendste Seuche erwiesen und so durfte er Tsehay nur von weitem sehen. Sie stand einsam zwischen den geöffneten Torflügeln, und die Dornen auf deren Kanten warfen spitze Schatten vor ihre Füße. Ihr Umhang flatterte im Wind, und sie wirkte kleiner als sonst. Die Last der Jahre hatte sich verdoppelt und die Beugung des Rückens verstärkt. Sie blinzelte gegen das Licht, stellte Korb und Regenschirm auf den Boden und hob den Arm. Erstarrte auf halbem Weg in ihrer Bewegung. Ihre Finger begannen nach Abebe zu greifen, als ob sie im Schmerz wachsen und den Abstand überwinden könnten, als ob sie an einem unsichtbaren Band zerrte, und Abebe schwankte hin und her, doch der Wärter neben ihm war ein eisernes Joch und Abebe ging keinen Schritt vorwärts. Tsehay's Arm wurde schwer und sank herab.

,,Was haben sie mit Dir gemacht, mein Sohn'', flüsterte sie, ,,Deine Schultern sind rund und Dein Gang ist steif geworden. Die Sonne beißt mir in die Augen, aber ich sehe den Schmerz in Deinem Gesicht.''

,,Mutter'', murmelte Abebe, ,,sie haben mich geschlagen, aber ich habe Worku nicht verraten.''

Sie verstanden einander nicht und empfanden doch miteinander. Beschworen Leid und Mitleid, fanden längst verloren geglaubte Zärtlichkeit. Alte Narben platzten und aus den neu gerissenen Wunden quoll Erinnerung.

„Los, es ist genug", unterbrach der Wächter die unhörbare Zwiesprache und zog Abebe am Arm. Abebe zuckte zusammen, die Striemen auf Bauch und Rücken taten weh. Tsehay bemerkte das Zucken und erbebte.

„Nicht", rief sie. Und: „Abebe!". Die Wächter führten sie aus dem Tor und ihr Schrei verhallte ungehört.

Für den Rest des Tages ließ man Abebe in Ruhe. Wolde brachte ihm ein unangetastetes Essen und lächelte ermunternd. Tesfaye kühlte seinen Rücken mit Wasser. Die geschlagene Haut war nicht aufgesprungen. „Es hätte schlimmer kommen können, viel schlimmer", meinte Tesfaye, aber verschwieg, was er meinte.

Am Abend fiel Abebe in einen unruhigen Schlaf. Und als später der Kader seinen Namen rief, dauerte es eine Unendlichkeit, bis er begriff.

Er war in ein tiefes Wasser getaucht, die Kälte und die Schwärze der Dunkelheit ließen ihn erschauern. Klippen verengten drohend einen Abgrund, seine schweren Füße zogen ihn hinab und er kämpfte mit schwindender Kraft um den Auftrieb, stieg langsam, Strömungen erfaßten ihn und trieben ihn ab, er rang mit erstickender Lunge und hämmerndem Herzen nach Luft und klatschend zersprang die Dunkelheit. Sein Kopf flog gegen die Wand und der Kader brüllte: „Wird's endlich, komm raus." Abebe tastete nach Tesfaye, fand andere Körper an dessen Platz und rief verstört: „Tesfaye, wo ist Tesfaye?". Jemand schleifte ihn an den Schultern aus der Zelle und warf ihn draußen gegen Tesfaye. „Da ist er, Dein Tesfaye." „Ja, hier bin ich, kleiner Bruder", stöhnte Tesfaye mit blassem Gesicht, und dann stießen die Wächter beide hinaus in die Nacht. Trieben sie über den Hof in ein wartendes Auto. Ein Auto, wie viele andere in Addis Abeba auch. Mit schon stumpfem Lack und beuligem Blech.

„Los, abfahren", schnaufte Nehussie. Girma drehte den Schlüssel und das Auto fuhr davon.

Es war lange nach Mitternacht.

Die Ausgangssperre hatte längst begonnen und eine seltsame Stille lag über der Stadt. Glühlampen warfen Lichtkreise auf menschenleere Straßen. Aus der düsteren Masse der Lehmhäuser ragten fahle Betonbauten.

Die Scheinwerfer schnitten in die Nacht und scheuchten ein paar Hunde auf, die faul auf dem Asphalt lagen. Nachts gehört Addis Abeba den Hunden. Und den Hyänen. Und den Ratten. Dort, wo die Asmarastraße in einen großen Kreis mündet, bogen sie ab. Das Auto fiel in Schlaglöcher. Kantige Steine legten sich ihm in den Weg.

Schließlich hielten sie und Nehussie sprang heraus.

"Aussteigen", kommandierte er. Abebe's Zähne schlugen unaufhörlich aufeinander und Tesfaye stammelte fortwährend "Nein, nein". Beider Knie gaben nach und sie rutschten am Auto entlang zu Boden.

Girma und Tadesse schleppten Tesfaye zu einer Mauer und während Nehussie einen Schalldämpfer auf seine automatische Pistole schraubte, erinnerte er sich an Fikre Selassie's Befehl: Nur Tesfaye. Der Kleine soll zusehen. Dann wird er reden. Komischer Auftrag, dachte er, hatte es noch nie gegeben. Jedoch eine eindrucksvolle Variante, gestand er sich ein. Er prüfte im Mondlicht das gelbe Messing im Magazin und stieß es in den Griff der Pistole. Das Knacken schreckte Abebe auf, und er sah Tesfaye mit der Stirn an einer Mauer lehnen und Nehussie mit einem Gegenstand in der Hand auf ihn zugehen, und die Erkenntnis kam über ihn. Geschwächt und auf Händen und Füßen kroch er über die steinige Erde. Seine Fingerkuppen sprangen auf und über seinen Knieen zerriß die Hose. "Nein", würgte er, "nicht."

"Schnauze", zischte Nehussie.

"Kleiner Bruder", schluchzte Tesfaye und preßte sein Gesicht an die Mauer und warmer Urin lief seine Beine entlang.

Abebe hörte einen leisen Knall und Tesfaye sackte zusammen, sehr langsam, als ob er sich noch einmal jeden einzelnen Stein der Mauer betrachten wollte.

"Tesfaye", heulte Abebe auf, etwas explodierte in ihm, und er sprang auf Nehussie zu und schlug mit kraftlosen Fäusten auf ihn ein. Nehussie ließ die ersten Schläge verblüfft über sich ergehen, dann traf Abebe ihn an der Nase und Nehussie schmeckte Blut auf seinen Lippen und aufkommende Wut verdrängte sein Erstaunen. Mit einem wuchtigen Fußtritt schleuderte er Abebe zurück. Der stolperte keuchend, verharrte für Sekunden und wollte plötzlich rennen, Haken schlagen. Nur weg, weit weg.

Im Sprung traf ihn etwas hart am Schädel, grelle Funkenregen sprühten durch sein Hirn, es riß ihm die Beine weg. Im Fallen drehte er sich zu Tesfaye. Prallte mit seinem Gesicht neben dessen Kopf auf den Boden auf, sein Arm fiel auf Tesfaye's Brust und er war tot.

,,Idiot'', fluchte Girma, ,,was sollen wir jetzt Fikre Selassie sagen? Der Kerl wäre doch in diesem Zustand keine zehn Meter weit gerannt.''

,,Ich habe doch nur in die Luft schießen wollen'', fauchte Nehussie zurück.

,,Nun ist es eben passiert. Vielleicht hätte er sogar die ferenji's in ihren Häusern aufgeweckt.''

,,Die hätten uns nichts getan. Mensch, wir arbeiten für die Regierung.''

,,Ich gebe hier die Befehle'', fing sich Nehussie, ,,Holt das Plakat, schnell, bevor die Hunde der ferenjis rebellisch werden.'' Tadesse hastete zum Auto und zog ein großes Blatt Papier aus dem Kofferraum und Girma sammelte Steine auf. Tadesse sah auf die beiden Toten und der Arm auf Tesfaye's Brust schien ihn an etwas zu erinnern. Er zog Abebe der Länge nach neben Tesfaye, rückte sie eng aneinander und bedeckte beide mit dem Plakat. Girma beschwerte die Ecken mit den Steinen.

,,Seit wann bist Du so gefühlvoll, Tadesse?'', spottete Nehussie, ,,na, kannst gleich hier bleiben. Die beiden müssen sowieso bewacht werden. Los, Girma, wir hauen ab. Es wird gleich hell.'' Er warf Tadesse eine Maschinenpistole und ein Magazin zu.

,,Du weißt Bescheid. Verwandte haben hier nichts zu suchen. Wir lassen die Leichen wegschaffen.''

Und im Auto sagte er zu Girma: ,,Fahr nicht so schnell. Dabei wird mir immer übel.''

Die beiden, wenn auch leisen Schüsse hatten die Hunde verängstigt. Sie rochen die Nähe des Todes. Das davonfahrende Auto löste die Spannung und sie begannen zu lärmen. Jagten mit gesträubtem Nackenfell in den Gärten die Zäune entlang. Ihr kehliges Grollen wuchs zum zähnefletschenden Bellen, verlorenes Gekläff schwoll zum Chor. Ebbte heiser wieder ab. Bald knurrten nur noch vereinzelte Hunde, und sie hechelten mit hängenden Zungen zurück in ihre Ecken. Über dem runden Gipfel des Jerra verschob ein heller Streifen am Horizont ein Stück Sternenhimmel. Die Blätter der Bäume wisperten im Morgenwind, und der Rauch eines Holzkohlenfeuers würzte die Luft und stieg in sanften Kehren empor, bis der Wind ihn erfaßte. Wirbelndes Grau unter verblassender Milchstraße.

Tedesse ging unruhig auf und ab. Er war allein mit den beiden Toten. Eine innere Kälte durchzog ihn. Er blähte seine Nasenflügel. Roch es nicht nach Weihrauch? Er kicherte nervös, kratzte in einer unvermittelten Anwandlung einige Handvoll Erde zusammen und verstreute sie über den Leichen. Tote gehörten in ein am besten mit Zweigen ausgelegtes Grab und nicht auf die Straße. In diesem Punkt hatte er noch nie Fikres Selassie's Meinung teilen können.

Und dieser Duft war bestimmt Weihrauch. Wer weiß, wer ihn verbrannte. Bestimmt hatte sie jemand beobachtet. Er sah sich vorsichtig um und seine Hand umkrampfte den kalten Stahl der Maschinenpistole.

„Erschossen? Den Kleinen auf der Flucht erschossen?", brüllte Fikre Selassie. „Du hast meinen Befehl mißachtet. Wie konntest Du Dich so hineinreißen lassen?"

„Was machst Du für ein Aufhebens um eine Leiche", wehrte sich Nehussie, „es wäre schlimmer gewesen, wenn er entkommen wäre."

„Schlimmer? Für wen?", fragte Fikre Selassie lauernd.

„Für Dich natürlich. Vielleicht hätte Abebe seinen Bruder gefunden und mit ihm gemeinsame Sache gemacht."

„Gemeinsame Sache? Abebe war nicht bei der EPRP."

„Gestern hast Du das Gegenteil gesagt."

„Laß den Unsinn. Du weißt, daß er Angst hatte und warum er gestanden hat. Da brauchen wir uns nichts vorzumachen. Aber sein Bruder ist sicher gefährlich. Vielleicht wird er sich jetzt rächen wollen. Ein lebender Abebe hätte uns zu ihm geführt."

„Rache? Ach was, streich die Liste aus Deinem Kopf. Sie gehörte einem von diesen Einzelgängern. Es wäre sicher ein reiner Zufall gewesen, wenn wir Worku geschnappt hätten und er von dieser Sache gewußt hätte."

„Man soll nichts unversucht lassen, wenn das Leben bedroht ist", sagte Fikre Selassie voller mißtrauischer Zweideutigkeit. Nehussie mißfiel ihm immer mehr. Er widersprach oft, die Pannen häuften sich. Womöglich gehört auch er zur EPRP und versuchte nur, Zeugen aus der Welt zu schaffen. Zeugen, die ihm gefährlich werden könnten. Das Mädchen mit den verbrannten Haaren. Abebe.

Fikre Selassie kratzte sich heftig unter der Achsel. Vielleicht beging Nehussie auch nur Fehler. Wurde unzuverlässig, weil ihm vermeintliche Erfolge in den Kopf stiegen. Das waren doch zunächst seine, Fikre's, Erfolge. Er war der Vorsitzende des Kebele's. Er würde ihn beobachten und überprüfen müssen. In jedem Fall mußte er sehr vorsichtig sein.

Er könnte Nehussie verhaften und foltern lassen, überlegte Fikre Selassie und verwarf die Eingebung sogleich. Nehussie würde sofort reden, irgend einen Unfug gestehen. Nehussie war sehr wehleidig. Fikre Selassie hatte ihn einmal beobachtet, als er unachtsam einen Sack Holzkohle öffnete. Unter dem Geflecht aus Schnüren, das den Sack verschloß, lag ein Bündel trockenen Grases und als Nehussie es herauszog, griff er in den Zweig einer Schirmakazie und rammte sich einen Dorn unter den Daumennagel. Schon der Gedanke an das Herausziehen des Stachels und an weiteren Schmerz ließ ihn fast hysterisch werden. Als der Dorn abbrach und der Rest unter dem Nagel verblieb, hörte man ihn laut klagen. Die Wunde begann schnell zu eitern und für eine Zeit lief er mit angewinkeltem Arm und schlapp herunter hängender Hand herum. „Unser flügellahmer Storch", lachte Girma.

Trotz aller Pein bemerkte Nehussie die schadenfrohe Reaktion der Gefangenen und gab später nach der Heilung des Daumens den Schmerz weiter, und etliche verloren ihre Daumennägel, weil ihnen Nehussie Holzsplitter unter den Nagel trieb.

Nein, dachte Fikre Selassie, Nehussie foltern war Unfug. Er würde ihm eine Chance geben. Trotz allem war Nehussie als Mitglied des Befragungskomitee's wegen seiner vielen Einfälle schwer zu ersetzen.

Er begann, ihm in allen Einzelheiten den neuen Plan, die Kollektivmethode zu erklären. Nehussie schnalzte mit der Zunge. „Gut", befand er und riet: „Aber der Plan benötigt einige Änderungen."

„Änderungen? Was für Änderungen? Erledige erst Deine Aufgaben in Zukunft sorgfältiger, bevor Du über anderer Leute Einfälle nörgelst", brauste Fikre Selassie auf, „der Plan ist hervorragend." Nehussie setzte unbeirrbar seine Rede fort. Gefühlsausbrüche bei Fikre Selassie übersah er seit langem.

„Eine Versammlung aller Einwohner des Kebeles ist zu groß, zu unübersehbar, zu unkontrollierbar."

„Aber diese Einzelvernehmungen kosten uns zuviel Zeit. Und die Anzahl der Antirevolutionäre wächst laufend."

„Eben. Daher müssen wir den mittleren Weg gehen. Nicht den einzelnen oder die große Masse wählen. Wir teilen auf. Zum Beispiel eine Versammlung für die Jungen, eine für die Alten. Eine für die Angestellten eines großen Ladens, wie der Supermarkt Misrak."

„Hm, wir könnten ebenso eine Versammlung für die einberufen, die für das Kebele arbeiten", überlegte Fikre Selassie laut.

„Natürlich. Über einige mache ich mir ganz schöne Sorgen." Fikre Selassie hob die Augenbrauen. Sein Argwohn gegenüber Nehussie meldete sich wieder.

„Nach dem ersten großen Treffen wird das unsere nächste Maßnahme sein. Auf größere Aufgaben bereitet man sich am besten mit einer Selbstreinigung vor, meinst Du nicht auch?"

Mit diesen Worten glaubte er, Nehussie eine Falle zu stellen.

12.
Am Langano

Thomas Danner schlüpfte aus dem Schlafsack. Es war noch zu dunkel, um im Zelt Einzelheiten zu erkennen. Regelmäßige Atemzüge verrieten den tiefen Schlaf der anderen.

Bettina hatte gedrängt, und er hatte sich nicht entziehen können, und so waren sie für das Wochenende an den Langano gefahren, einen der Seen im äthiopischen Teil des ostafrikanischen Grabenbruchs und ein beliebtes Ausflugsziel auch der Danners.

Danner hatte Ben für den heutigen Abreisetag eine morgendliche Angeltour versprochen. Er tastete zum Ausgang, öffnete den Reißverschluß und spärliches Licht sickerte durch den Spalt. Er rutschte zu Ben, weckte ihn und legte beschwörend die Hand auf seinen Mund. Beide zwängten sich hinaus und erschauerten in der kalten Luft. Noch sang kein Vogel und der Langano lag jungfräulich glatt.

„Kein Mensch in Deutschland glaubt uns, wie kalt es hier morgens ist," flüsterte Danner.

Eine Hyäne klagte über den See hinweg. Ein weißgefiederter Pelikan zerschnitt lautlos den Spiegel der Wasseroberfläche. Plötzlich tauchte er den Schnabel ein, hob ihn aus dem Wasser und stieß ihn ruckend in die Luft.

„Sieh mal Papa, der hat schon einen", rief Ben.

Sie gingen zum Ufer. Der grobe Sand knirschte unter ihren Füßen. Beide schoben das Boot ins Wasser und Danner fluchte, als sich die Beine seiner Trainingshose vollsogen. Er setzte sich auf den Bug und paddelte mit langen Schlägen auf den See hinaus. Bald ging sein Atem schneller. Er reichte Ben das Ruder und kroch zum Motor, riß an der Starterschnur, der Motor hustete und sprang stotternd an. Blauer Qualm quoll aus dem Auspuff und legte sich als künstlicher Nebel über das Wasser. Danner schob den Choke zurück und erhöhte die Drehzahl. Der Bug hob sich aus dem Wasser, und die Wellen unter ihm wurden weiß und flockig. Vor einer Landzunge dümpelten Pelikane, und rosafarbene Flamingos staksten durch flaches Wasser am Ufer.

Danner lenkte das Boot quer über den See zu einem massigen Felsen, der vor einer Bucht aus dem Wasser ragte und allgemein Kaiserstuhl genannt wurde. Als sie den Felsbrocken erreichten, stand die Sonne schon hoch über den Bergen und die Wasseroberfläche glitzerte. Danner schaltete den Motor aus und das Dröhnen in den Ohren verebbte. Klatschend holten die Wellen das Boot ein. Er half Ben aus dem schwankenden Boot auf den großen Stein. „Hier, die Angel. Und denk daran. Geduld ist die wichtigste Tugend beim Fischen", rief er hinauf und watete zum Ufer. Zog sich nackt aus, hängte die nasse Trainingshose über einen Busch und spürte die Sonnenwärme auf seinem Körper. Suchte unter Büschen und lachte befriedigt auf. Da lag sie noch immer. Die leere Ölbüchse, die er zurückgelassen hatte, ein rostiger Zeuge seiner Besuche. Er mochte derartige Überbleibsel früherer Anwesenheiten.

Platschend tastete er im Wasser umher und fand seinen Stammplatz, seine Badewanne, wie er ihn scherzhaft nannte. Ein langer, glattgewaschener Stein, der zur einen Seite leicht aus dem Wasser ragte. Danner glitt ins Wasser. Sekundenlang verschlug es ihm den Atem, das Wasser stach mit vielen Nadeln in seine Haut. Er atmete tief ein und aus, und das Stechen und Kribbeln klang ab. Das war sein Langano-Abschiedsritual und er hatte heute erstmals ein Mitglied seiner Familie mitgenommen. Er drehte sein Gesicht in die Sonne und schloß die Augen.

Als er das erste Mal drüben am Ufer mit seiner Familie gezeltet hatte, hatte er geschworen, es nie wieder zu tun. Der Strand am Bekele Mola Hotel war voller bunter Zelte gewesen.

Tagsüber vernichtete das Geschrei zahlreicher Kinder in unterschiedlichen Sprachen die Ruhe, die er suchte, und nachts kreisten Flaschen an den Feuern und trunkener Lärm ertönte.

Aber das hatte sich geändert. Der Kaiser in Addis Abeba war gestürzt, ein Militärrat drängte an die Macht. Die Sowjets entschieden das Tauziehen um die Gunst der neuen Regierung für sich. Viele ferenjis aus westlichen Ländern verließen Äthiopien, und es wurde bald leer am Langano.

Doch er zeigte sich mit neuen Urlaubern. Russen, Kubaner und Deutsche aus der DDR füllten das Vakuum und bevölkerten den Strand.

Danner lachte und das Wasser gluckste rund um seinen Körper. Gestern war er bei den Bootsschuppen auf eine Menge rotverbrannter Leute gestoßen. Sie lagen flüsternd im Sand. Er ging stumm und lauschend an ihnen vorüber, und die sächselnden Laute waren unverkennbar. Er konnte es sich nicht verkneifen. Sagte laut: „Guten Tag. Ich hoffe, es geht Ihnen gut." Schlagartig verstummte das Flüstern. Wie auf ein geheimes Kommando erhoben sich alle und zogen gleich einem aufgescheuchten Vogelschwarm ein Stück weiter. Mißtrauisch maßen sie die richtige Entfernung und fielen erneut in den Sand. Danner schüttelte den Kopf und seine nassen Haare spritzten. Deutsch-deutsche Begegnung in Äthiopien. Das Produkt eines unerträglichen Zustandes.

Eine Horde Affen tobte durch die Steilwand am Ufer und zog Danners Aufmerksamkeit auf sich. Ihre olivbraunen Mäntel waren zu kurz geraten. Die aufgerichteten Schwänze knickten in der Mitte weg und baumelten so über nackten Gesäßen. Sie tollten auf eine Felsspalte zu, und fast hätte ihr Schnattern und Kreischen ein flaches Klatschen übertönt.

Danner richtete sich auf. Kaskaden von Tropfen sprühten in der Sonne. Ben's Körper ruckte angestrengt vor und zurück. Der Schwimmer war weg, unter der beschatteten Hand erkannte Danner weiter draußen kreisförmig aufgewühltes Wasser.

„Ein Fisch, Papa. Ein ganz großer", schrie Ben und zur Bestätigung schoß ein silberner Blitz aus dem Wasser. Menschenskind, was für ein Brocken, dachte Danner entgeistert.

„Ich komme, halte aus", antwortete er und hörte im Aufstehen hinter sich ein Geräusch. Er plumpste in das Wasser zurück und drehte sich hastig um. Verdammt. Auf platten Füßen kam, wie aus dem Nichts, eine Oromo-Frau zum Ufer. In der Wölbung ihrer Hüfte trug sie einen bauchigen Krug. Das hatte Danner in dieser Bucht noch nie erlebt, er hatte stets in völliger Einsamkeit seine morgendlichen Stunden hier verbracht.

„Papa, der zieht so stark."

„Gleich, halte aus, nur einen kleinen Moment." Zu dumm, daß er nicht seine Badehose angezogen hatte. Er kauerte sich zusammen und beobachtete die Frau. Sie füllte den Krug mit Wasser und verschloß ihn mit einem Stopfen aus Gras und Blättern.

Er atmete befreit auf.

„Ich komme", rief er zu Ben. Doch die Frau schürzte ihr Kleid aus derbem Stoff und wusch sich vorsichtig die Waden. Sie sah zu ihm herüber und hob schließlich den Saum des Kleides bis übers Knie. Schritt tiefer in das Wasser und schöpfte mit der hohlen Hand Wasser in ihren Ausschnitt und auf ihrem Kleid bildeten sich dunkle Flecken.

„Papa, ich kann nicht mehr", brüllte Ben. Seine dünnen Rückenmuskeln traten in Knoten aus der Haut.

Die Frau verschnürte den Krug mit einem langen Riemen auf ihrem Rücken, näherte sich seinem Busch und hob die Büchse auf. Hielt sie schüttelnd ans Ohr und verschwand buckelnd hinter den Bäumen.

Danner hastete zu dem Felsen, da knallte trocken die Angelschnur und Ben fiel kopfüber in den See. Danner stieß seine Zehen an spitzen Steinen. Ben tauchte prustend auf.

„Warum kommst Du so spät, er ist weg, mein Fisch, der größte Fisch, den es jemals gab", jammerte Ben.

„Es tut mir leid", murmelte Danner. Wütend hob Ben kleine Steine aus dem Wasser und schleuderte sie dem Fisch hinterher.

„Ich hasse Dich, Fisch, ich hasse Dich", schrie er. Dann brach seine Erregung zusammen und er trottete zum Ufer. Danner holte die Angel und ging hinterher. Ben lag in der Sonne, und unwillkürlich mußte Danner lachen. Er sah Ben wieder winzig und rosig und ungeheuer faltig auf einem Gummituch strampeln.

Er zog ihn an knochigen Schultern unter eine Schirmakazie, deren dürre Zweige ein Netz vieler Schatten über sie warf.

„Komm, ruhe Dich ein wenig aus", besänftigte er.
„Du, Du bist schuld", stöhnte Ben.
„Ich bin schuld? Die Schnur ist gerissen."
„Es war so ein großer Fisch", seufzte Ben.
„Ach, das nächste Mal klappt es besser."
„Aber den krieg' ich nie wieder. Meinen Fisch."

An den Bootshäusern fuhr Danner das Boot den Strand hinauf und sie liefen zum Zelt. Das Boot konnte er auch nachher noch in den Schuppen bringen, jetzt sehnte er sich nach frischem Kaffee und Ben war hungrig.

„Ihr habt lange ausgehalten", wurden sie von Bettina begrüßt.

„Es war schön, trotz meines Pechs". Ben erzählte von seinem Fisch.

„So kehrt der Mann zurück aus dem rauhen Leben an den heimischen Herd", sinnierte Bettina, „warum nehmt Ihr uns Frauen nicht mal mit?".

„Au ja", jauchzte Sabine.

„Wir fahren doch dauernd auf dem See herum", wich Danner aus.

„Aber die Abenteuer erlebt Ihr ohne uns."

„Ihr schlaft eben lange und außerdem ist es morgens kalt, und der Wind geht beim Bootfahren bis auf die Haut."

Bettina stellte Tassen, aus denen der Kaffee dampfte, auf den Plastiktisch und briet mit dem letzten Speck ein paar Eier.

„Ich habe auch eine Überraschung für Dich", flüsterte sie, „sieh mal, dort."

Danner betrachtete einen jungen Äthiopier von vielleicht 20 Jahren, der mit zerschlissenen Sandalen im Sand scharrte.

„Wer ist denn das?", fragte Danner.

„Den nehmen wir mit nach Addis", stellte Bettina trocken fest.

„Wir ihn mitnehmen? Wohl als Verstärkung für Dein Waisenhaus. Du weißt, daß ich gegen das Mitnehmen von Unbekannten bin."

„Ausnahmen bestätigen die Regel. Und übrigens ist das Waisenhaus nicht mein Waisenhaus."

Danner ging zu dem Jungen.

„Es fährt täglich ein Bus nach Addis", sagte er zu ihm.

„Ich... ich habe kein Geld", murmelte der Junge.

Erleichtert griff Danner nach seiner Geldbörse.

„Nein, bitte verstehen Sie. Ich will kein Geld. Und der Bus nach Addis ist schon abgefahren, und ich muß noch heute dorthin." sagte der Junge.

„Was willst Du eigentlich der Militärkontrolle vor Addis sagen?", rief Danner zu Bettina.

„Daß er ein alter Bekannter von uns ist."

„Alles schon geplant, wie?", sagte Danner spitz, „na schön, setz Dich da drüben hin. Wir packen bald ein und fahren."

„Vielen Dank, Herr". Der Junge freute sich.

„Das kannst Du nicht machen, Thomas", sagte Bettina, „Du mußt ihn einladen."

„Einladen? Habe ich gerade getan."

„Du willst nicht verstehen", erklärte Bettina, „Du legst doch sonst Wert auf Hilfsbereitschaft. Du sollst ihn zum Essen einladen, wir haben genug."

„Zum Essen einladen? Ist das nicht ein bißchen übertrieben? Außerdem haben wir nur vier Teller."

„Stell Dich nicht so an. Ich hab' schon gegessen. Er kann meinen Teller haben. Ich verstehe Dich nicht. Als Du die Angestellten in der Schule vor Tagen entlassen mußtest, hast Du diese Entscheidung verwünscht. Hättest alles drum gegeben, sie verhindern zu können. Hier kannst Du was aus eigener Kraft tun und hast hundert Wenn und Aber."

„Laß die Angestellten aus dem Spiel", erwiderte Danner scharf, „das ist ein ganz anderes Problem. Man kann Äpfel nicht mit Birnen gleichsetzen. Und ich versuche zu tun, was ich kann."

Die Kinder sahen auf. Der junge Äthiopier vernahm das Anheben der Stimme. Wollte sich hinter hochgezogenen Schultern verstecken. Bettina hob ungerührt Eier und Speck auf ihren Teller und winkte. Der Junge schüttelte den Kopf. Er hatte nichts verstanden, aber an der Gestik alles erraten.

„Nein, danke, es ist sehr freundlich von Ihnen. Ich will nur mit nach Addis. Ich habe schon gegessen", stotterte er.

Bettina stapfte auf langen Beinen zu ihm herüber, steckte die Sonnenbrille in die Haare, blickte ihm in die Augen und sagte:

„Du tust beides. Du kommst mit nach Addis und Du ißt diese Eier."

„Ich hätte ja doch nicht essen können, wenn mir jemand zusieht", seufzte Danner.

Sie hatten einmal kurz nach ihrer Einreise in einer menschenleeren Gegend, wie sie geglaubt hatten, im Norden gerastet und gegessen. Unversehens tauchten Frauen und Kinder auf. Gafften sie an, folgten mit den Augen ihren Handbewegungen und kauten mit feuchtem aber leerem Mund. Danner fühlte sich unbehaglich und stand auf. Die Kinder sprangen einige Schritte zurück.

„Was wollt ihr?", fragte er.

„Yihenin Efeligalehu. Dabbo", piepste ein Mädchen scheu und wies auf das Brot, das er in der Hand hielt.

„Das Brot? Das ist meins. Ich habe was anderes für Euch." Im Auto lag in Gläsern gefüllte Kleinkindnahrung aus Deutschland. Für Sabine. Danner nahm eine Konserve und hielt sie dem Kind hin. Es griff gierig zu und rannte zu einer Frau. Die Frau drehte und wendete das Glas, schüttelte den Kopf, kam zaghaft näher und gab es Danner zurück. Er drehte den Deckel ab, steckte einen Finger hinein und leckte ihn ab. Reichte der Frau das offene Glas. Die Frau roch an dem breiigen Inhalt, verzog ablehnend das Gesicht, rief kehlig ein paar Worte und schüttelte das zerquetschte Gemüse mit Kartoffeln auf die Erde, barg das leere Glas unter ihrer Schama und verschwand. Ließ einen verständnislosen Danner zurück, der nie wieder etwas von seinem Essen abgeben wollte. Fertignahrung war in Äthiopien unersetzbar.

Der Junge aß hastig und Danner sagte mit vollem Mund zu Bettina:

„Na, ich habe es eben nicht so gemeint."

Sie packten schweigend und schnell und kurze Zeit später wühlte sich der Bus durch den tiefen Sand, rutschte über trockenes Gras und fand den mit gebleichten Rinderschädeln markierten Weg, der zur Straße führte.

Vor Bulbula kaufte Danner ungeachtet der Einwände Bettina's ein Bündel frischer Fische, die bald darauf zu stinken begannen. Sie fuhren durch Adami Tulu und an den verkohlten Überresten einer Burg vorbei, die vor Jahrzehnten ein deutscher Einwanderer namens Götz gebaut hatte und dessen Blut nun in einer Reihe äthiopischer Kinder floß.

Die Wasser des Zway Sees schimmerten durch die Schirmakazien und seine Inseln streckten ihre Buckel heraus. Herden magerer Rinder zogen staubaufwirbelnd vorbei zur Tränke und graue Schleier verfärbten den Himmel.

Der faltige Kegel des Zuquala begleitete sie für lange Zeit und das lustige Klingeln der Pferdewagen in der Debre-Zeit tönte noch in ihren Ohren, als sie die Militärstation erreichten.

Danner fuhr langsam an das Wachhaus heran. Am Straßenrand parkte ein klappriger Bus. Eine Traube von Menschen umstand einige Soldaten, die Ausweise prüften und Fragen stellten. Auf dem Dachgepäckträger des Busses turnte ein Polizist herum und wühlte in Koffern und Säcken, Pappkartons und Kleiderbündeln. Ein Schaf war fest an das Gitter geschnürt und blökte, als der Soldat sich näherte. Kinder stürzten aufgeregt schreiend auf Danners Auto zu und boten vermutlich gestohlene Kekspackungen zum Kauf an.

Ein unrasierter Soldat winkte Danners Wagen heran, und Danner sah den Jeep mit dem aufmontierten Maschinengewehr. Mitten im Jeep stand ein anderer Soldat, die Hände auf das Maschinengewehr gestützt und die Mütze tief in das Gesicht gezogen, als fürchte er, erkannt zu werden.

Bettina zeigte den Schutzausweis der Botschaft. Der Zeigefinger des Soldaten glitt über den farbigen Bundesadler auf dem Deckblatt und er las, langsam und laut und mit rollendem R:

,,Federal Republic of Germany."

Der Soldat deutete auf den Jungen.

,,Ein Freund", lachte Danner nervös und schlug dem Jungen auf die Schultern, gleichzeitig einen vorwurfsvollen Blick auf Bettina richtend.

Der Soldat ging nach vorn, prüfte das Nummernschild und studierte wieder den Schutzausweis. Hob mit brüchigem Daumennagel das Deckblatt.

,,Diplomat?", fragte er.

,,Yellem, nein", antwortete Thomas Danner.

Der Soldat schüttelte den Kopf und zog die Schiebetür auf.

Danner sah verdutzt zu und flüsterte zu Bettina: „Da hast Du es. Es gibt Probleme."

Der Junge nestelte in seiner Jacke und zog eine zerknickte Identitäts-Karte aus der Tasche. Der Soldat las sie gründlich. Einmal. Ein zweites Mal. Danner kurbelte das Fenster herunter. Es wurde warm im Auto. Doch er saß im Durchzug und drehte die Scheibe wieder hoch. Der Soldat diskutierte mit dem Jungen.

„Als Schulleiter müßte man verpflichtet werden, die Landessprache zu lernen", murmelte Danner.

„Bei den Sowjets soll das angeblich von einem bestimmten Dienstgrad aufwärts Pflicht sein", hauchte Bettina.

„Psscht, keine Namen."

Plötzlich trat der Soldat zur Seite. „Okay", rief er.

„Puh", seufzte Bettina erleichtert.

„Hast Du gemerkt? Der Polizist hat nicht sein Gepäck kontrolliert."

„Na klar, weil er bei uns im Wagen saß. Wir sind Ausländer."

„Eben", unterstrich Danner.

Bald zog die Straße einen sanften Bogen und sie passierten das rote Reklameschild, das auf rostigen Rohren im Gras stand. Erfrische Dich mit Coca Cola. Willkommen in Addis Abeba.

Und als ob er alle Schrecken der Welt hinter sich gelassen hätte, lenkte Danner den Bus pfeifend in die Stadt.

13.
Irrwege

Nicht daß der Wächter Wolde eine enge Beziehung zu Abebe und seinen Eltern gehabt hatte. Der gemeinsame Einsatz mit seinem Vater bei einem UNO-Kontingent verband nicht sonderlich. Auch nicht, daß er ihn einmal als Baby getragen und ihn wegen eines Steinwurfs verprügelt hatte.

Doch im Alter wog die Erinnerung schwerer. Und so machte er sich auf den Weg. Ein großer, breiter und grauhaariger Mann, der unschlüssig eine Last trug und Tsehay einen überflüssigen Weg ersparen wollte.

Er hatte viel gesehen und erlebt. Der Tod in vielen Formen war ein steter Begleiter in seinem Leben gewesen und hatte ihn wenig erschrecken können. Doch jetzt schmerzten in kalten Nächten Muskeln und Gelenke, und mitunter krampfte das Herz in seiner Brust. Hatte er einstmals einen anrennenden Gegner mit ausgestrecktem Arm aufhalten können, so wurde nun selbst das Gewehr zur Last. Die Furcht vor dem Ende begann sein Inneres auszuhöhlen. Jeden Tag ein wenig mehr.

Die Rente, die er von der Armee erhielt, war gering. Die Kosten für den Lebensunterhalt stiegen ständig. Und so folgte der alte Soldat sogar mit einer gewissen Dankbarkeit dem Ruf des Kebeles, als Wächter in seine Dienste zu treten. Er verabscheute manche der Gewalttätigkeiten, doch die Stellung bot auch einigen Einfluß. Aber für Abebe hatte er nichts tun können.

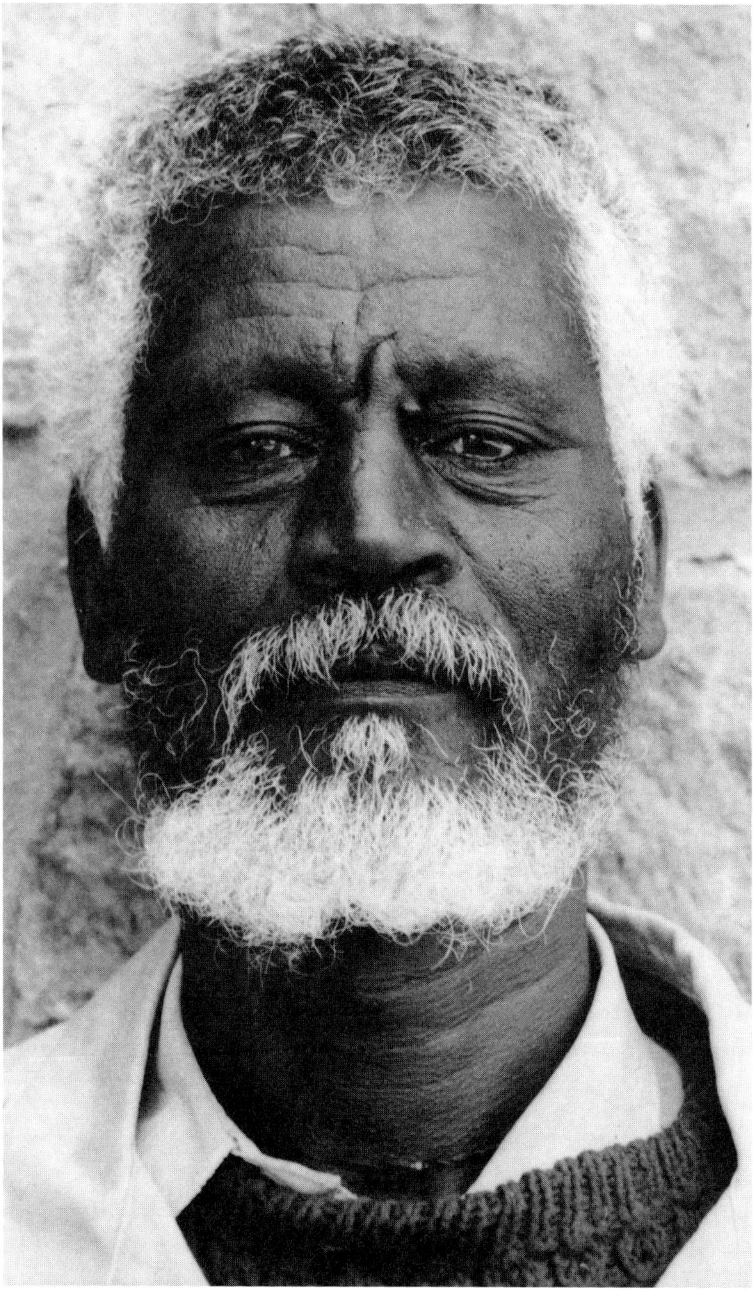

Tsehay hängte Wäsche in die Sonne und hörte ihn nicht kommen. Erschrak, der Lautlosigkeit wegen und weil sie wußte, daß er von Abebe kam.

„Wie geht es Dir?", sagte sie mit einer Verbeugung und ihr Herz schlug bis zum Hals.

„Wie geht es Dir?", antwortete Wolde und folgte auf ihre Einladung in die Hütte.

„Willst Du Tee?", fragte Tsehay und Wolde bejahte.

„Du bringst Nachrichten von Abebe?". Ihr Herz klopfte noch immer und sie vergaß den Tee.

„Ja", murmelte Wolde.

„Ich habe bei Getachew Zigaretten besorgt."

„Für den Wächter Hailu?"

Tsehay nickte. „Getachew hat angeschrieben."

„Er ist ein hilfsbereiter Mann."

„Das ist er. Was... was ist mit Abebe?".

Wolde biß sich auf die Lippen und kratzte seinen stoppeligen Hals. Starrte Tsehay an, senkte die Augen, hob erneut die Lider. Tsehay bohrte fragend ihren Blick in Woldes unruhig flackerndes Gesicht.

„Du brauchst kein Essen mehr zu bringen",
flüsterte Wolde.

„Was ist mit ihm? Wo habt ihr ihn hingeschleppt?"

Wolde faßte mit beiden Händen Tsehay's Arm und murmelte: „Er ist tot".

„Warum ist er tot? Wann?", schrie Tsehay und krallte ihre Finger in Woldes Schultern.

„In der letzten Nacht. Ich weiß nicht wo. Fikre Selassie sagt, es war ein Unfall."

„Fikre Selassie...sagt...es war ein Unfall?", stammelte Tsehay.

„Ja," bestätigte Wolde.

„Ein Unfall?", schluchzte Tsehay, „in der Nacht? Sie haben ihn zu Tode gequält."

„Nein. Es war nicht im Kebele."

„Oh Gott, er ist ermordet worden."

Sie fiel auf die Knie und schlug unaufhörlich mit der Stirn auf den Boden. Schrie mit schriller Stimme und ihr Schrei flog durch die Hütte, prallte von den Wänden, kehrte zurück.
„Tot. Abebe ist tot. Warum hat Gott das zugelassen?"
„Es sterben viele", sagte Wolde brüchig.
„Ich will ihn haben, wo ist er?"
„Ich weiß es nicht."
„Sie haben ihn liegen lassen, wie die anderen auch. Ich muß ihn holen, er braucht ein Begräbnis."
Eine neue Klage suchte ihren Weg ins Freie und drang durch die offene Tür, bevor Wolde sie hastig schließen konnte. Öffentlich gezeigte Trauer war nicht erwünscht.
„Um ihn zu holen, benötigst Du Geld."
„Geld?", jammerte Tsehay.
„Ja, aber ich meine nicht das Begräbnis. Du benötigst das Geld für die Freigabegebühr", sagte Wolde nun schon erleichterter, weil es heraus war.
„Dann ist es wahr, daß man für einen Toten bezahlen muß?" keuchte Tsehay.
„Ja. Es wird Kugelgeld genannt. Für jeden Einschuß.." er stockte für Momente, „für jede Kugel mußt Du dreißig Birr bezahlen."
„Es wird Kugelgeld genannt. Auch Du nennst es so. Du arbeitest für sie, Du, meines Mannes Freund!"
Freund, dachte Wolde, wir waren uns oft selbst die Nächsten.
„Ich brauche Geld zum Leben, ich habe eine Frau und noch zwei Kinder im Haus", murmelte er.
„Ich muß ihn finden. Das ist das letzte, was ich für ihn tun kann. Er gehört in ein Grab", stammelte Tsehay, „ich muß das Lukso, die Trauerfeier, veranstalten. Die Verwandten benachrichtigen. Ich habe nicht viel Zeit, sie wohnen weit."
Wolde räusperte sich. „Es gibt eine Anordnung. Die Angehörigen eines mit revolutionären Maßnahmen Bestraften dürfen ihre Trauer, ihren Gram nicht zeigen. Du darfst kein Lukso mehr abhalten, es gibt auch keine Zelte dafür. Sie sind beschlagnahmt. Für den Krieg."
„Bestraft? Du sagtest, es war ein Unfall."

„Das habe ich nur zufällig gehört, wie Fikre Selassie es mit Nehussie besprach."
„Hat Nehussie ihn...?"
„Ja", antwortete Wolde und der Name ätzte sich in Tsehays Gehirn.
„Aber Wolde, ein Toter muß beerdigt werden. Mit einem Priester. Wir sind doch nicht wie die Schwarzen, die Heiden, die im Süden leben."
„Es ist Tradition", bestätigte Wolde, „aber es ist verboten."
„Alles ist anders, nichts ist mehr, wie es war", schluchzte Tsehay.
Jetzt stöhnte auch Wolde.
In einer plötzlichen Eingebung fragte Tsehay zitternd: „Hast Du ihn gesehen?"
„Abebe? Nein."
Tsehay sprang auf und irrte durch den Raum. „Vielleicht ist er nicht tot. Du hast nur Gespräche gehört, aber nichts gesehen. Vielleicht haben sie ihn in ein anderes Gefängnis gebracht", flüsterte sie, „ich muß ihn suchen." Griff in einer unbewußten Bewegung nach dem vorbereiteten Essen und stürzte hinaus.

Wolde sah ihr kopfschüttelnd nach, er konnte nicht aufstehen, er war auf einmal so müde.

Es gibt in Addis rund dreihundert Kebeles und weitere fünfundzwanzig ihnen übergeordnete Kebeles. Sie haben alle eigene Gefängnisse. Es gibt weitere Gefängnisse in den sechs Polizeihauptstationen, in der Kaserne der vierten Division, auf dem Grundstück der Sicherheitspolizei und im Menelikpalast. Es gibt das „Ende der Welt", das Alem Bekagne, das Hauptgefängnis, dessen feuchte Verließe die Insassen in den Tod, den Wahnsinn oder das Dasein eines Verkrüppelten treiben. Und es gibt die Leichenhallen der Krankenhäuser.

Wenn auch die Einrichtung der Kebeles eine Erfindung der neuen Zeit sind, Gefängnisse bestanden schon unter Menelik II. und Haile Selassie und deren Zahl nahm durch die ständig steigenden Verhaftungen zu.

Die Hitze des Tages zehrte an Tsehays Kräften. Angst und Ungewißheit, Erkenntnis und Zweifel belasteten sie abwechselnd. Sie hastete mit brennenden Füßen und krummem Rücken von Kebele zu Kebele. Staub und Speichel setzten sich borkig auf den geöffneten Lippen ab, die Augen waren zerrieben entzündet, und die Kehle rauh und trocken. Immer häufiger tauschte sie den Korb von einer Hand in die andere, das Ziehen in den Schultern wurde zunehmend schmerzhafter.

Sie suchte. Fragte. Erhielt Antworten oder erntete Stillschweigen. Plötzlich aufblühende Hoffnungen wurden zertreten. Sie wurde mit Flüchen vertrieben oder durch ein nichtssagendes Lächeln abgewiesen. Seltener Trost narrte und die Enttäuschung wog schwer. Ihr Wille zersplitterte und bald war sie nur noch eine dahintaumelnde Gestalt. Verlor die Übersicht über Wege und Gassen, Straßen und Paläste. Lief im Kreis und stand blind vor ihrem eigenen Kebele. Der Tisch war weggeräumt, die Frauen schon längst gegangen.

Der Wächter Hailu erkannte sie. „Bringst Du mir die Zigaretten?", lachte er. Tsehay schwankte. Zigaretten, dachte sie gequält, was für Zigaretten? Und erst jetzt bemerkte sie, wo sie war.

„Na, gib sie schon her. Ich habe auch was für Dich", drängelte Hailu.

„Für mich?", krächzte Tsehay.

Sie griff zitternd in den Korb und zog die Zigarettenpäckchen heraus. Hailu nahm sie ihr rasch aus der Hand.

„Hier, das sind die Sachen von Deinem Sohn", sagte er und warf sie Tsehay zu. Bevor sie begriffen hatte, unfähig zu einer Reaktion, fielen die Kleider vor ihr in den Schmutz. Das Hemd und der Pullover mit den Löchern am Ellbogen, die Hose, die Halbschuhe mit den zertretenen Fersenkappen.

Mit einem Aufschrei brach Tsehay über der Kleidung zusammen, wühlte ihr Gesicht in sie hinein und näßte sie mit ihren Tränen.

„Verschwinde", herrschte Hailu sie an, „nicht hier, nicht vor dem Kebele. Und auch nicht auf der Straße. Los, geh, khid, hau ab."

Er stieß sie mit dem Lauf seines Gewehres über die Straße und setzte in ihr einen Mechanismus in Gang. Tsehays Beine trugen sie fort.

An einem Lichtmast stolperte sie über eine am Boden liegende Gestalt, rammte ihre Schulter in rissiges Holz und sah auf. Vor ihr ragte eine Hand ohne Finger zwischen Lumpen hervor und aus einem um den Kopf gewickelten Lappen glotzte sie ein einzelnes Auge an.

,,Hunger'', flehte es durch die Fetzen.

Tsehay drehte ihren Kopf vom Auge zum Korb, der plötzlich schwer wurde, als sei er mit Steinen beladen. Das Essen. Die Kleidung. Abebe war tot. Unwiderruflich. Und sie hatte den ganzen Tag das Essen für ihn durch die Stadt geschleppt. Wieder verschmierten Tränen ihr Gesicht.

,,Ich...ich habe Essen'', sagte sie stockend, ,,ich brauche es nicht mehr. Mein Sohn ist tot und auch mein Hunger.''

Die stummelige Hand winkte heftig. ,,Gib, bitte, gib''.

Die Lumpen gerieten in Bewegung und eine Blechschüssel kollerte auf sie zu.

,,Sie haben ihn abgeholt und ermordet'', murmelte sie heiser zu dem Auge. Zerrte das Tuch fort, legte das Injera in die Schüssel. Hob das Gefäß mit der Kohlsuppe hoch.

Das Auge beobachtete sie unablässig.

,,Ausschütten, auf das Injera'', hörte Tsehay dumpf. Sie drückte eine Mulde in das Injera und goß die Suppe hinein.

,,Du hättest ihn sehen sollen'', schluchzte sie, und das Auge starrte gierig auf die Schüssel, ,,er war mein Jüngster. So zart. So unschuldig.''

Die vermummte Gestalt rutschte näher.

,,Sie wollten ihn für Worku mitnehmen, meinen anderen Sohn. Der ist seit Monaten verschwunden. Soll in der EPRP sein. Ob Abebe etwas über ihn wußte?'', jammerte sie zu dem Auge, das wuchs und rund wurde, ,,sonst habe ich nur Töchter. Eine ist tot, die anderen sind alle verheiratet und übers Land verstreut wie Hirse.''

Hinter ihr schrillte ein Schrei, und unter den Lumpen erschien eine stockbewehrte Hand. Zwei Jungen sprangen an Tsehay vor-

bei und warfen sich auf die Schüssel. Wälzten sich kämpfend im Staub. Der Stock pfiff und traf die Schüssel, die blechern über die Steine eierte. Der größere der Jungen langte nach ihr und trat seinen Widersacher mit den Füßen. Der Leprakranke drehte sich blitzschnell um die eigene Achse, lag neben dem Jungen und stieß ihm seinen Stock in die Magengrube. Der Junge japste keuchend nach Luft, bekam eine Binde zu fassen, zog an ihr den Kopf hoch und ließ ihn auf das Pflaster knallen. Der Krüppel schrie, die Binde löste sich von seiner Stirn und die leere Augenhöhle verbreitete für Momente Entsetzen. Sandkörner schwammen dick auf der Suppe, bedeckten das Injera und alles rutschte aus der Schüssel, als der Große mit ihr davonrennen wollte und der Krüppel ihm seinen Knüppel zwischen die Beine warf und die Schüssel scheppernd über die Straße rollte.
Tsehay floh voller Schrecken.
Im Zwielicht ihrer Hütte dämmerte Tsehay lange vor sich hin. Zuckte bisweilen mit Händen und Füßen. Schreckte schließlich auf und all ihr Sehnen zielte auf einen Punkt. Sie mußte Abebe ein würdiges Begräbnis bereiten. Es mußte einen Weg geben.
Und dann wußte sie, wer ihr helfen würde.

14.
Ein Attentat

„Gleich haben wir es geschafft", rief Danner und drehte sich zu dem Jungen, „wo willst Du aussteigen?"
„Jederzeit. Wann es Ihnen paßt", antwortete er.
„Ich fahre zunächst bis zum Sedist Kilo hoch."
„Das trifft sich gut."
„Willst Du etwa an der Schule vorbeifahren?", fragte Bettina.
„Du kennst doch meine Angewohnheiten," sagte Danner.
„Der Herr Direktor, pflichtbewußt bis zum letzten Moment. Ihm ist dafür kein Umweg zu weit", lächelte Bettina.

Sie zockelten im Schrittempo durch das Verkehrsgewühl der Bischoftoustraße. Tankzüge und Lastwagen aus Assab verstopften die Straße und fuhren überladen und schwankend ihrem Bestimmungsort entgegen. Taxis schlängelten sich elegant und pausenlos hupend an ihnen vorbei. Eine Herde Rinder trottete bei den Getreidesilos über die Bahngleise zum Schlachthof. Fette Geier hockten auf einem Berg Knochen.

Die kleinen Bars mit den Zimmern im Innenhof waren noch nicht geöffnet, die bunten Neonröhren hingen fahl unter den Dächern. Danner erinnerte sich an den neuesten Spruch, der angeblich in diesen Bordells seine Kreise zog. East or west, the germans are the best. Hinter vorgehaltener Hand wurden Lästereien über überraschende Zusammentreffen weitergegeben.

Aus den offenen Gräben am Straßenrand stank Abfall, und in den Pfützen spiegelte sich der Himmel. Gedankenversunken spielten kleine Kinder im Modder oder führten Drahträder an langen Stöcken. Danner's Bus rumpelte langsam über die Schienen am Hauptquartier der zweiten Division. Vor dem Eingang drohte ein Hotchkiss-Schützenpanzer, eine Segeltuchplane deckte jedoch die kleine Kanone ab. Kennzeichen eines ruhigen Tages.

An der Kreuzung am Platz der Revolution, wo grellfarbig Marx, Engels und Lenin die Stadt überblickten, fuhren sie geradeaus und bogen am Ambassadorkino in die Straße ein, die sich an einem Hang zum alten Palast hinauf windet.

Die Tore der Schule waren verschlossen. Die Fahnen wehten still im Wind. Verlassen lagen Grundstück und Gebäude. Danner hielt für einen Moment. Am liebsten ginge er jetzt durch die hallenden Gänge und die ausgestorbenen Höfe.

„Ich will nach Haus, Papa, ich sehe die Schule schon morgen wieder", klagte Sabine.

„Wie wahr", ergänzte Bettina.

Danner winkte lächelnd dem Wächter und sagte feierlich: „Ihr habt Recht, und auch mich drängt es jetzt zum kühlen Bier. Es ist alles in Ordnung dort drüben."

Er startete und ordnete sich hinter einem grauen Mercedeslastwagen für den Kreisverkehr am Seist Kilo ein. Auf der leeren Ladefläche hockte ein Mann mit flatternder Schama.

Bei den Löwenkäfigen sprang der Mann auf. Seine Jacke klaffte weit offen. Der Lastwagen ging in die Kurve und der Mann preßte sich breitbeinig an das Führerhaus, griff unter seine Jacke und schwenkte den gedrungenen Lauf einer Maschinenpistole zur Universität.

„Kinder runter vom Sitz!", schrie Danner, und Ben und Sabine stürzten auf den Wagenboden und der Junge warf sich über sie. Danner bremste scharf und Ewigkeiten verrannen, bis der Wagen hielt. Die Maschinenpistole knatterte und Danner stierte verblüfft auf die im Rückstoß zuckende Waffe, war hilflos dazu verurteilt, sich Ausschnitte eines Bildes einzuprägen.

Fußgänger warfen sich bäuchlings auf den Asphalt, duckten sich hinter Steinen und Bäumen. Andere erstarrten wie gelähmt.

Ein Auto rutschte mit blockierten Bremsen über die Fahrbahn und prallte gegen eine Laterne.

Der Mercedes raste mit jaulenden Reifen die Straße am Haile-Selassie-Krankenhaus hoch, und die Geschwindigkeit riß seinen Passagier in einen haltsuchenden Tanz.

Bettina preßte heftig schluckend ihre Hände auf den Bauch.

Danners Knie zitterten und unter seinen Händen glänzten auf dem Lenkrad nasse Flecken.

,,Auf wen, auf wen hat der Mann geschossen?'', stammelte Bettina.

Danner zuckte ratlos die Schultern.

Vor dem Eingang des Krankenhauses staute sich ein Menschenschwarm, richtete sich auf einen Punkt an der steinernen Einfriedung der Universität aus.

,,Da drüben'', sagte der Junge rauh und wies auf diese Stelle.

Wie von einem Magnet angezogen, lenkte Danner den Bus hinüber. Vor dem Zaun krümmte sich ein Mann auf der Erde und rollte seinen Kopf hin und her. Aus weißen Hosen sickerte Blut.

,,Ich werd verrückt'', entfuhr es Danner tonlos, und er hielt, ,,der stirbt.''

,,Wer stirbt, Papa?'', riefen Ben und Sabine im Chor und zogen sich an den Fensterrahmen hoch. Ehe Danner antworten konnte, drückte sie der Junge wieder nach unten.

Der Mann scharrte mit den Füßen im Sand und schob mühsam den Rücken gegen die Mauer. Blutiger Schaum quoll aus seinem Mund. Rann blasig übers Kinn und tropfte auf das Hemd. Er stöhnte und kippte kraftlos zur Seite.

,,Der ist so jung'', flüsterte Bettina mit blassem Gesicht.

Danner legte seine Hand auf den Türgriff. Die Hand des Jungen schnellte vor.

,,Bleiben Sie hier'', sagte er hastig.

,,Wieso? Jemand muß dem Mann sofort helfen, und wir sind am nächsten dran.''

,,Entschuldigen Sie'', sagte der Junge mit einem merkwürdigen Blick, ,,Sie sind ein ferenji. Es geht Sie nichts an, was hier passiert.''

„Ferenji? Was soll der Unfug. Es geht um ein Menschenleben. Der Mann braucht Hilfe", rief Danner erregt und umkrallte den Griff.

„Es geht um ein Menschenleben, aber nicht mehr um das da draußen. Dem können wir nicht mehr helfen. Aber vielleicht werden wir beobachtet."

„Na und? Zum Teufel mit den Beobachtern. Sieh Dir diese gaffenden Untätigen doch an!"

„Sie verstehen mich nicht richtig. Uns beobachtet vielleicht jemand, der will, daß dieser Mann stirbt und nicht will, daß sich jemand in seine Angelegenheiten einmischt."

„Das ist widerwärtig!".

Danner warf sich gegen die Tür.

„Thomas", schrie Bettina.

„Bleiben Sie hier. Sehen Sie dort." Der Junge wies in Richtung der Kasernen der ehemaligen Leibwache des Kaisers. Soldaten mit Schnellfeuergewehren näherten sich, hinter einem Baum blinkte der Patronengurt eines leichten Maschinengewehres.

„Bitte, wie Ihr wollt", willigte Danner ein, „aber jemand muß ihm trotzdem helfen. Warum stehen die beiden Kerle mit der Bahre da am Krankenhaus herum und kommen nicht her?"

„Sie haben Angst."

„Vor dem Verwundeten? Vor Deinem angeblichen Beobachter?" empörte sich Danner.

„Nein, vor den Soldaten."

„Und die gehen auch so langsam."

„Sie werden sich nicht beeilen. Auch sie haben Angst. Vor denen da!", der Junge wies auf die schweigenden Zuschauer. Und wiederholte: „Irgend jemand hat den Tod dieses Mannes beschlossen. Wer ihn rettet, stirbt womöglich als Nächster. Davor schützt auch keine Uniform."

Der Mann lag jetzt still. Seine Nase stach spitz über offenem Mund in die Luft. Er war tot.

Die Menge rückte zusammen, setzte sich in Bewegung und schob die beiden Bahrenträger vor sich her. Vorsichtig betraten die Soldaten den Platz. Wann immer einer der beiden Blöcke hielt, stoppte auch die Gegenpartei.

,,Das gibt es nicht'', sah Danner fassungslos zu.

,,Sie wagen es aus Angst voreinander kaum, den Toten zu bergen'', murmelte der Junge und plötzliche Scham belegte seine Stimme.

,,Es ist nicht Deine Schuld'', sagte Danner müde.

,,Schuld? Gibt es in Ihrem Land Schuldlose?'', fragte der Junge.

Über Danner's Rücken rann eine Gänsehaut.

Am Fenster des Wagens erschien ein Soldat und sah prüfend hinein. Sein Gesicht war vor Anspannung wie gefroren und die Augen groß und rund.

Er winkte mit dem Gewehr. ,,Khid, haut ab.''

,,Schnell, lassen Sie uns ein Stück wegfahren. Ich steige dann am Arat Kilo aus'', sagte der Junge.

Er zog sein Bündel unter der Bank vor, und als sie den Arat Kilo erreichten und erneut hielten, öffnete er die Tür.

,,Haben Sie vielen Dank'', sagte er und schüttelte allen die Hand.

,,Tut mir leid, wenn ich vorhin etwas heftig war'', sagte Danner.

,,Schon gut, wir waren alle überrascht. Und so etwas erleben Sie bestimmt nicht jeden Tag. Aber zur Zeit geschieht viel.''

,,Warte'', rief Danner, ,, Du hast uns nicht mal Deinen Namen genannt, das heißt, wir haben Dich nicht gefragt. Vielleicht sehen wir uns mal wieder.''

,,Ich glaube nicht. Ich hätte Sie sowieso gebeten, meinen Namen zu vergessen.''

,,Ach so ist das. Daher wußtest Du eben so gut Bescheid. Du hast keinen kranken Vater in Addis'', erkannte Danner.

,,Nein, als...als ich es zuerst zu Ihrer Frau sagte, habe ich sie belogen'', antwortete der Junge betroffen, ,,aber ich mußte wirklich dringend nach Addis. Ich...'' Er schwieg und sah sich prüfend um. Lüftete einen Schuh, faßte hinein, schüttelte Danner erneut die Hand und drückte ihm etwas Hartes in die Handfläche.

,,Alles Gute und nochmals vielen Dank. Und vergessen Sie mich, ich bin sowieso verloren'', rief der Junge und rannte los.

Danner entdeckte verblüfft in seiner Hand eine kurze Patrone.
„Es ist nicht zum Fassen. Er hat uns benutzt, um die Kontrollen zu umgehen. Sieh mal, wie schwer er an seiner Tasche trägt. Wir leben in einem Zirkus, Bettina, als eintrittzahlende Zuschauer in einem verdammt blutigen Zirkus."

„Aber er hat mich beschützt, als es geschossen hat", meldete sich Sabine und Bettina nickte.

„Papa, ist der Mann wirklich tot?", fragte Ben.

„Ja."

„Papa, ich will nach Deutschland. Dort gibt es so etwas nicht."

„Menschen sterben überall. Mit Gewalt. Auch in Deutschland."

„Warum, Papa?"

Danner schwieg.

Später würde Ben zu Haus all seine Spielzeugpistolen in das Kaminfeuer werfen und gelbe Rauchschwaden und beißenden Gestank verbreiten.

Doch viel später, in etlichen Jahren, würde er sich die Patrone an einem goldenen Kettchen um den Hals hängen.

Sie schwiegen lange und die lärmende Fröhlichkeit von Heimkehrenden blitzte erst auf, als Assefa das Tor hinter ihnen schloß. Der Schäferhund sprang in das Auto und leckte Sabine das Gesicht, und sie drängte ihn lachend hinaus und wälzte sich mit ihm im Gras.

„Guck Dir mal Assefa an", murmelte Bettina, „den bedrückt was."

„Mindeno, Assefa, was ist los?", rief Danner. Dieser Tag schien nicht enden zu wollen.

„Da ist die Frau. Hinten, in meinem Quartier."

„Welche Frau?"

„Die der Hund vor einigen Tagen angebellt hat."

„Assefa, habe ich Dir nicht aufgetragen, in unserer Abwesenheit niemand, noch nicht mal das Kebele, in unser Haus hineinzulassen?"

„Ich konnte sie nicht abweisen. Es...es war unmöglich."

„Sicher will sie mehr Geld", sagte Danner mit leichtem Ärger.

„Nein, Sie will Sie um einen Gefallen bitten, wollte aber nur Ihnen sagen, um was es geht."
„Dann geht es um sehr viel Geld", stellte Danner fest.
Er ging nach hinten, an das Ende des Gartens. Dort befand sich ein kleines Zimmer für Assefa.
„Wie geht es Ihnen, Herr?", fragte Tsehay und verbeugte sich verlegen.
„Frag' sie, was sie will", sagte Danner kurz. Er rieb sich die Augen. Der Schock vom Sedist Kilo hing zäh in seinem Inneren. Assefa erzählte Abebe's Geschichte, und Danner dachte an die blicklosen Augen des Jungen vor dem Haus seines Nachbarn.

„Bitte, richte der Frau aus, daß ich alles sehr schlimm finde und es mir für sie sehr leid tut. Natürlich auch um den Jungen. Es ist unfaßbar. Doch ich möchte wissen, was sie von mir will. Und schnell, wir sind alle sehr müde."
„Sie sollen mit ihr zum Kebele gehen. Sie will ihren Sohn bestatten lassen und Sie sollen ihr helfen. Sie müssen wissen, daß ein Begräbnis auch in Äthiopien eine ganz wichtige Sache ist. Eine Frage des Glaubens, der Tradition."
„Aber das kann sie doch allein erledigen."
„Nein, man hat ihr die Leiche nicht ausgeliefert."
„Aber Assefa, wie soll ich ihren toten Sohn, der vielleicht schon in einem Massengrab in irgendwelchen Wäldern am Entoto liegt, nein, das sage ich besser nicht, also, was kann ich wirklich für sie tun?"
„Sie sagt, sie war zweimal beim Kebele. Beim ersten Mal hat man ihr die Kleidung gegeben, und sie ging noch einmal und der Wächter schickte sie wieder fort. Er wollte erst das Kugelgeld."
„Kugelgeld? Was ist das?", fragte Danner.
„Wenn Angehörige einen Erschossenen aus dem Gefängnis holen, müssen sie für jeden Schuß, mit dem er getötet wurde, bezahlen. Es wird genau berechnet. Für Abebe war es ein Schuß."

Unglaublich, dachte Danner fassungslos, wo leben wir denn? Das Karussel dreht sich und wir sitzen mittendrin. Ausgeliefert. Er rang um eine Antwort und sagte dann: „Also geht es doch um Geld." Was hätte er auch anderes sagen können?

„Nein, Herr, sie sagt, daß sie das Geld besorgen kann. Aber sie hat Angst, daß sie zahlt und nicht die Leiche erhält. Und sie will nicht nur ein reines Begräbnis veranstalten, sondern auch eine Trauerzeremonie für alle Angehörigen, das Lukso."
„Awon, Lukso", rief Tsehay.
„Lukso? Was ist das?"
„Alle Verwandten, Freunde, Nachbarn und Bekannte der Familie werden eingeladen. Jeder kann auf seine Weise die Trauer, die er empfindet, ausdrücken. Er kann laut klagen oder sich schweigend setzen. Das dauert mehrere Tage und ist in Äthiopien eine sehr wichtige Sache. Tradition."
„Tradition. Aber was liegt Euch an der Tradition, wenn es Euch unmöglich gemacht wird, mit ihr zu leben? Was nutzt sie Euch in einer derartigen Zeit?"
„Du verstehst nicht, Herr", murmelte Assefa.
„Nenn' mich nicht dauernd Herr", brauste Danner auf, und Assefa senkte den Kopf, „vielleicht versteht ihr mich nicht. Ich habe gerade erlebt, wie ein Mann von irgendeinem Irren erschossen worden ist, und ich durfte dem Sterbenden nicht helfen, weil ich ein Fremder bin. Und jetzt soll ich eine Leiche holen, zu einem Begräbnis verhelfen, obwohl ich ein Fremder bin? Das ist mir zu verdreht."
„Das ist nicht verdreht, Du erkennst es nur nicht", beharrte Assefa.
„Erkenne was nicht?"
„Äthiopien", sagte der alte Mann.
„Äthiopien? Nicht erkennen? Hast du mal nachgedacht, wieviele Stämme es bei Euch gibt? Wieviele unterschiedliche Traditionen? Der eine Stamm lebt so und der andere so. Was soll ich da erkennen? Ach, lassen wir das", Danner atmete heftig, „wenn ich diese Angelegenheit richtig verstehe, geht es um zwei Dinge, um die Beerdigung...."
„Man muß die Toten waschen und ankleiden, einen Priester..."
„Keine Einzelheiten. Neben diesem eigentlichen Begräbnis ist das Lukso von Bedeutung. Aber das findet nicht auf dem Friedhof statt. Also kann die Frau es ohne das Begräbnis abhalten. Das wäre ein Ausweg."

„Das Abhalten eines Lukso's ist verboten", platzte Assefa heraus.

„Ach, und ich soll einfach zum Kebele spazieren und eine Ausnahme von der Regel erzwingen, ich?", rief Danner.

Tsehay spürte die aufsteigende Erregung, die Danner ergriff, nahm mit beiden Händen seine Rechte und flüsterte: „Ibakon, bitte, Herr." Und schielte aus den Augenwinkeln zu dem Hund, der schwanzwedelnd in der Tür stand.

Ihre Hände waren kalt und hart und schwielig und knochig und preßten verzweifelt.

Danner ergab sich. „Morgen", seufzte er, „morgen mittag soll sie herkommen. Schließlich habe ich noch einen Beruf und muß erst einmal in die Schule."

Tsehay's Rücken stand aufrechter als zuvor.

15.
Ein Ausweg für den Minister

Ato Teferi Makonnen, oder zeitgemäßer Genosse Teferi Makonnen hatte also recht behalten.

Der Arbeitsminister Desta Gebeyou stützte seinen Kopf in beide Hände und starrte auf die Platte seines Schreibtisches. Einige Riefen durchzogen störend die Politur, und auf einem restlichen Tropfen süßen Tees spielten Fliegen.

Teferi Makonnen hatte ihn gewarnt. Ihm in einem ausführlichen Telefongespräch vom Besuch Menegescha's berichtet und ihm teilnahmsvoll seine Ahnung übermittelt, daß dieser Mensch sicherlich bald bei ihm, Desta Gebeyou, vorsprechen werde.

Dabei bestünde kein Grund dazu, das Anliegen dieses Kerls müsse geprüft werden, und eigentlich sei die Gewerkschaft zunächst zuständig.

„Mit anderen Worten", sagte Desta Gebeyou in die Muschel, „die Angelegenheit ist Dir aus der Hand geglitten."

„Hallo, was sagtest Du, hallo, knackt es bei Dir auch in der Leitung, Desta?", schrie Teferi Makonnen.

„Nein, es knackt nicht, ich sagte, ach was. Laß ihn kommen. Ich werde ihn abfertigen."

„Sei vorsichtig, denke an den Abteilungsleiter, der im Telegrafenamt erschossen wurde, weil er einem Angestellten keinen Gehaltsvorschuß auszahlen wollte. Zu viele fühlen sich zur Zeit allmächtig."

„Alles geht einmal vorüber."
„Aber das kann lange dauern."
Desta Gebeyou hatte mit einem kurzen Gruß aufgelegt. Dieser Teferi Makonnen war ein Schwätzer. Noch aus der alten Zeit. Und diese Allmächtigen kraft eigener Gnade würde man schon in den Griff bekommen.

Bald hatte er dieses Gespräch vergessen, doch als er mittags aus der Tür getreten war, fand er sich von einem Haufen fremder Leute umstellt. Fast hätte er nach seinem Leibwächter gerufen.

„Sind sie der Arbeitsminister Desta Gebeyou?" fragte ein hagerer Mann und grinste.

„Der bin ich", bejahte Desta Gebeyou.

„Ich kenne ihr Bild aus der Zeitung", bestätigte Menegescha und stellte sich vor.

„Wenn Sie mein Bild kennen, warum fragen Sie?"

„Wir sitzen seit heute morgen auf dieser Bank, und die Sekretärin sagte, Sie wären nicht da."

„Sie hatte Anweisung, mich nicht zu stören", sagte Desta Gebeyou und wunderte sich über sich selbst. Warum erkläre ich das diesem Menschen? „Was wollen Sie von mir?"

Und Menegescha berichtete ohne Umschweife. Jetzt erst fiel Desta Gebeyou das Telefonat vom Vormittag ein und er bat Menegescha in sein Zimmer.

„Und die anderen?", fragte Menegescha mißtrauisch. Man konnte nie wissen.

„Können alle mitkommen."

Sie drängten sich langsam aber nachdrücklich in das Zimmer. Der Gärtner Asrat sah sich behutsam um. Ein schönes Zimmer. Aber er hatte es sich herrschaftlicher ausgestattet vorgestellt. Aber schließlich war der Minister auch nicht der Kai... der Vorsitzende des Militärrates.

„Wollen Sie etwas trinken?", erkundigte sich Desta Gebeyou. Mit Zuckerbrot und Peitsche, dachte er. Ich werde sie bewirten und dann rausschmeißen.

Er rief hinüber in das Büro, und eine alte Frau trat unterwürfig ein. Sie trug an drei in ihrer Hand zusammenlaufenden Drähten ein rundes Blech. Auf ihm standen in einer Pfütze zwei Kannen, eine Anzahl Tassen und in irdenen Gefäßen Milch und brauner Zucker.

„Shai? Bunna? Tee? Kaffee?"

Sie stellte Tassen und Untertassen auf den Tisch und Asrat dachte: es sind die gleichen wie in der Schule. Er hatte noch nie das Büro eines Ministers betreten, geschweige denn mit einem Minister gesprochen. Sein Gefühl einer atemlosen Feierlichkeit mischte sich mit unterschwelligem Unbehagen.

Dankbar nahm er eine Tasse Tee an, balancierte sie auf seinen Knieen und probte seinen Sitz. Stützte er sich gegen die Lehne des Stuhls, wuchs sein Unbehagen, saß er auf der Stuhlkante, schnitt das eckige Holz in sein Gesäß, und bald würden taube Füße die Feierlichkeit bedrohen. Er setzte sich sorgsam in die Mitte, zwischen Rücken und Lehne blieb eine Handbreit Luft, und überließ alles andere Menegescha. Beschnitt im Geiste seine Blumen und nur das Schimpfen des Ministers riß ihn kurz aus seinen Gedanken, als der alten Frau Tee auf den Tisch getropft war. Bei Menegescha stellten sich die ersten Anzeichen von Routine ein. Er lehnte gelockert auf seinem Stuhl und schlürfte schmatzend seinen Tee. In den Trinkpausen hielt er eine Rede. Der Minister müsse sie vor der Willkür schützen, sagte er, die Revolution diene dem Volk und der Minister dieses Volkes müsse sich ohne Bedenken auf ihre Seite, auf die Seite der ausgebeuteten Arbeiter stellen. Desta Gebeyou behielt nach außen seine Würde und kramte inzwischen in seiner Erinnerung. Noch nie seit Beginn seiner Amtszeit waren ihm so unverschämt und nachdrücklich seine Aufgaben erläutert worden. Von dermaßen Unzuständigen.

Menegescha hätte auf näheres Befragen hin keine einleuchtende Erklärung für sein Tun gewußt. Er folgte lediglich dem inneren Druck, den die Gefahr, ohne Arbeit und Brot zu sein, auf ihn ausübte. Die Angst vor dem Morgen beflügelte seine Worte, und er brachte sie mit den Parolen in Einklang, die man ihm auf den Schulungen eingetrichtert hatte.

Desta Gebeyou wand sich wie eine Schlange, die hinter dem Kopf von einem Speer getroffen worden war. Verwies er nur in Ansätzen auf die mögliche Zulässigkeit der Entlassungen, beharrte Menegescha auf dem Slogan „Arbeit für alle" und blockte

Ausweichmanöver ab, bohrte mit den Worten „sofort handeln" schmerzhaft tiefer. Schließlich versprach der Minister, etwas zu tun. Er wußte nur nicht, was.

„Wir haben keine Zeit", beharrte Menegescha bestimmt und höflich. „Kommt morgen früh wieder", beschied ihnen Desta Gebeyou.

Sie eilten mit dem Rücken zuerst und gleichzeitig sich verbeugend hinaus und sorgten an der Tür für Zusammenstöße. Ein Erlebnis, freute sich Asrat, in diesem Büro gesessen zu haben.

Der Minister ließ den Kopf in seine Hände fallen und überlegte. Er müßte diesen Fall weitergeben können, mit Anstand selbstverständlich, nicht so durchschaubar, wie es Teferi Makonnen getan hatte. Er konnte doch nicht im Derg nachfragen, was zu tun sei. Ratlosigkeit war dort nicht gefragt, ebensowenig allerdings zu selbständiges Handeln. Auch müßte er vor den Arbeitern sein Gesicht wahren. Man konnte heutzutage nie wissen, wie sich derartige Dinge entwickeln würden. Oft nahmen sie einen eigenwilligen Weg, der Opfer forderte.

Er beobachtete die Fliegen auf dem Teetropfen und schlug blitzschnell zu. Eines der Insekten blieb zappelnd auf dem zerspritzten Tropfen liegen.

Schule, dachte er, deutsche Schule. Die eine deutsche Schule, eine Institution von Rang. Man hatte es mit zwei Deutschlands zu tun. Und die Deutschen von dieser Schule waren zur Zeit wenig gefragt.

Selbstverständlich gefragt waren die Spenden und die Hilfsleistungen, die aus diesem Land kamen. Aber nicht die politische Richtung dieser Leute. Die war gefährlich, die paßte nicht in das Konzept.

Er schnippte die tote Fliege vom Tisch. Spann seinen Faden weiter. Schulen gehörten in die Zuständigkeit des Erziehungsministeriums. Dem saß der von ihm wenig geschätzte Genosse Jussuf Mohammed vor. Auch hatte er mit ihm eine Rechnung aus einem früheren Streit zu begleichen. Er lehnte sich entspannt zurück und lächelte. Das war die Lösung. Er würde ihn heute aufsuchen. Was hattte dieser Menegescha gesagt! Sofort handeln. Eben! Dann war die Sache vom Tisch.

Im zweiten Stock des Erziehungsministeriums starrte der Erziehungsminister Jussuf Mohammed durch das verstaubte Fenster ins Freie. Durch einen Spalt drang der Lärm der Autos, die den Kreisverkehr des Arat Kilo umfuhren.

Raffiniert, dieser Desta, grübelte er, will sich einer für ihn unangenehmen Affäre entziehen, indem er sie mir auf den Tisch legt.

„Du meinst tatsächlich", sagte er gedehnt, „daß diese Sache mit den Entlassungen der Arbeiter von der deutschen Schule in meinen Zuständigkeitsbereich gehört?"

„Du mußt der Angelegenheit einen zweiten Blick gönnen", erwiderte Desta Gebeyou, „sie gründlich durchleuchten. Sicher, sie sieht zunächst nach Arbeitsministerium aus. Aber letztlich übt das Erziehungsministerium die Aufsichtspflicht aus, sicherlich besonders über die ausländischen Schulen."

„Aufsicht? Ja, über Lehrpläne, Prüfungen, doch nicht über die Entlassungen von Angestellten."

„Aber mit dieser Schule gab es in letzter Zeit Probleme. Sie ist nicht mit einem Abkommen formell anerkannt und paßt politisch nicht ins Bild!"

„Na ja, aber sie ist in dieser Stadt eine Institution."

„Aber bist Du nicht selbst dafür, daß die Schule langsam ausgetrocknet werden soll? Du hast doch selbst vor kurzem der Schule mitgeteilt, daß den äthiopischen Kindern, die auf unsere Schulen überwechseln, die Schuljahre von der deutschen Schule nicht mehr anerkannt werden. Damit verliert die Schule für Äthiopier ihren Wert."

„Mein lieber Desta", sagte Jussuf Mohammed, „Du bist über die Arbeit des Erziehungsministeriums gut informiert. Aber daraus kannst Du kein Recht auf Einmischung ableiten. Natürlich wollen wir dort keine Äthiopier mehr sehen, wo kämen wir da hin? Meinst Du, die erteilen den Geschichtsunterricht, wie wir ihn wollen? Aber die ferenjis können von mir aus machen, was sie wollen, solange sie sich nur um ihre eigenen Leute kümmern."

Desta Gebeyou blickte über den Arat Kilo hinweg auf das gegenüberliegende Haus. An einem Fenster wehte die deutsche Fahne. „Das Goethe-Institut", stellte er fest, „Du kannst Dich dem Einfluß unserer... soll ich sie Freunde nennen, nicht entziehen?"

„Dein Blick ist wie immer zu eng. Sieh mal tiefer. Im selben Haus. Sowjetische Buchausstellung. Ich bin dichter dran, als Du denkst."

„Touché", griente Desta Gebeyou, „lassen wir den Unfug. Wir müssen etwas tun."

„Wir?", Jussuf Mohammed hob erstaunt den Kopf.

„Sitzen die Arbeiter bei Dir oder bei mir vor der Tür? Zu wem werden sie wiederkommen? Zu mir. Von wem erwarten sie ein Machtwort? Von mir. Ich hänge mit drin, aber ich will nicht der einzige sein. Schulen gehören zum Erziehungsministerium, und ich will die Kerle los sein. Übrigens, ich schicke sie Dir gern her."

„Lieber nicht", wehrte Jussuf Mohammed hastig ab, „aber die Entlassungen sind nicht ungesetzlich. Es ist eine Betriebsverkleinerung."

„Das haben wir ihnen alles erklärt. Sie wolllen es nicht wahrhaben. Sie werden wiederkommen bis zum Jüngsten Tag, wenn wir nichts unternehmen. Was in dieser Schule geschieht, erfährt die ganze Stadt. Addis ist ein offenes Buch. Ob wir wollen oder nicht, wir müssen etwas unternehmen. Sonst machen wir uns unglaubwürdig."

Die Frage von Glaubwürdigkeiten wollte Jussuf mit Desta Gebeyou nicht erörtern, es schien ihm zu gewagt zu sein. So sagte er: „Also, was schlägst Du vor?"

Desta Gebeyou knabberte an seinen Fingernägeln. Nur den des kleinen Fingers verschonte er. Dort ragte der Nagel überlang über die Kuppe.

„Du könntest den Deutschen einen Brief schreiben. Ihnen mitteilen, daß die Entlassungen ungerechtfertigt sind. Schließlich haben sie genug Geld. Du kannst Dich dabei auf eine Rücksprache mit mir berufen. Schließlich bin ich der Arbeitsminister und lege erst einmal das Gesetz aus. Und nach meiner Auffassung sind die Entlassungen nicht erlaubt."

„Warum soll ich einen Brief mit Deiner Meinung schreiben?"

„Erziehungsministerium!", Desta Gebeyou hob den Zeigefinger.

„Und wenn die Deutschen nicht darauf eingehen?"

„Du mußt ernsthafte Konsequenzen für diesen Fall androhen."

„Konsequenzen? Ich?", zischte Jussuf Mohammed verblüfft. So ein ausgebuffter Hund.

„Dafür habe ich keine Möglichkeiten", sagte er heiser, „soll ich etwa die Prüfungsbedingungen verschärfen lassen? Die äthiopischen Schüler dieser Schule erreichen bei unserem Abschluß sowieso die besten Ergebnisse. Mit Abstand."

„Es gibt eben nur eine, die ganz große Konsequenz", rief Desta Gebeyou erregt, „Du drohst ihnen an, die Schule zu übernehmen." In Jussuf Mohammed's Kehle wuchs ein Kloß und er schnappte nach Luft. Dieser Schuft. Versuchte der, ihm auf diesem Weg etwas anzuhängen?

„Bist Du wahnsinnig? Die Schule übernehmen? Was sollen wir mit dem Kasten? Außerdem, den haben die Deutschen „selbst" bezahlt. Ich hörte kürzlich was von elf Millionen Mark. Mann, das würde Wellen schlagen!"

„Einen Skandal meinst Du? Es wird keinen geben. Wir wollen sie zur Zeit nicht als Freunde haben, sie aber uns! Also, was werden sie daher tun? Nichts, außer Protesten natürlich, die im Endeffekt harmlos sein werden. Vielleicht nehmen sie sogar die Entlassungen zurück, und wir stehen als die Sieger auf dem Podest", erläuterte Desta Gebeyou mit glühendem Kopf.

„Das glaube ich nicht, das geht nicht", polterte Jussuf Mohammed.

„Du wirst es erleben. Vorausgesetzt, Du tust, was ich Dir vorschlage."

„Aber es geht nicht ohne den Derg, ohne das Außenministerium!" Jussuf Mohammed wischte sich den Schweiß von der Stirn. Die Luft war durch diesen Desta Gebeyou verdammt stickig geworden. Aber vielleicht hatte er recht, vielleicht würden die Deutschen tatsächlich klein beigeben? Vielleicht würde er den richtigen Schritt im richtigen Moment tun, ein Signal geben. Die Westdeutschen standen klar erkennbar auf dem politischen Abstellgleis. Vielleicht würde man ihm sogar für diese

Idee danken? Ihn als besonders fortschrittlichen Revolutionär und Diener dieses Staates auszeichnen? Natürlich müßte er sich absichern, Eigenmächtigkeiten waren gefährlich. Je länger er überlegte, desto vertrauter wurde ihm der Gedanke und letztlich sagte er ,,Ishi, o.k., ich schreibe den Brief. Aber Du gibst mir schriftlich Deine Stellungnahme."

,,Für den internen Gebrauch", hüstelte Desta Gebeyou.

16.
Der Kreis schließt sich

Aus einem Krug verschüttetes Wasser hinterläßt in ausgedörrter Erde keine Spuren. Erweckt keine verborgenen Samen zum Leben. Die Erde stößt es ab oder saugt es durch ihre geplatzte Schale. Wie ein unersättlicher und doch nicht nässender Schwamm. Die Sonne verdampft es gierig und in Eile. Minuten später ist alles wie es war.

Vergebens versuchte Thomas Danner einen Eindruck im Kebele zu hinterlassen. Fikre Selassie, dessen erstes Erstaunen über den Besuch eines Fremden sich schnell legte, und die anderen behandelten ihn höflich, aber distanziert. Danner rieb sich an einer Wand aus Gummi wund. Man zollte ihm Respekt. Er war ein seltener, außergewöhnlicher Besucher. Aber ein Besucher ohne einen wirklichen Auftrag, wie ein noch nicht einmal lästiger Wassertropfen auf dichtem Gefieder. Und am nächsten Tag sprach niemand mehr über seinen Besuch.

Tsehay wurde die Herausgabe der Leiche Abebe's verweigert. Trotz der angebotenen Zahlung des Kugelgeldes. In Gegenwart eines Fremden konnte man darauf nicht eingehen. Auch lag Abebe längst verscharrt.

Man empfand Tsehay als aufdringlich. Der Fall war abgeschlossen. Begründungen interessierten nicht. Nehussie trug ihr auf, weder ein Lukso abzuhalten, noch öffentlich Trauer zu zeigen. Revolutionäre Maßnahmen bedurften keiner Beileidsbekundungen. Jede seiner Bemerkungen trieb glühende Eisen in

Tsehay's Seele, doch irgendwann ließ der Schmerz nach und sie ertappte sich, wie sie fast ohne Gefühl Nehussie beobachtete, ihn auszurechnen begann. Dieses arrogante Lächeln und die ausdruckslosen Augen, wenn er sprach. Ihr entging auch nicht das Zucken seines Augenlides. Das ständige Pochen des Zeigefingers auf der Tischplatte. Und das Blut in ihren Adern fror zu Eis.

Während der nächsten Nacht und des folgenden Tages ging sie ruhelos in ihrer Hütte auf und ab, grübelnd, mit sich kämpfend, und besiegte den Schmerz mit einem Entschluß.

Man hatte ihr Abebe, das letzte ihrer Kinder im Haus, genommen, und sie war wehrlos gewesen. Jetzt war sie allein, der Sorge für sich selbst überlassen. Doch die kümmerte sie nicht. War sie nicht alt? Hatte sie nicht genug gelebt? Kinderlachen hatte ihre Ohren überschüttet, sie hatte Launen und Schläge ihres Mannes erduldet, das Leid um ihre älteste Tochter ertragen, die nach einer Blinddarmoperation gestorben war, hatte ihren Mann zu Grabe getragen, ihre anderen Töchter verheiratet, Worku's Entfliehen hingenommen und Abebe's Tod erleben müssen. Der Kampf gegen den Hunger, Krankheiten und Schwangerschaften hatten ihren Körper ausgezehrt, aber das Lachen war nie gänzlich von ihr gewichen. Bis zu dem Tag, an dem Abebe geholt wurde.

Es ist genug, dachte sie, genug für ein langes Leben. Hand an sich zu legen, verbot Gott. Sich zu rächen, auch das verbot Gott. Aber hatte er ihr nicht ohne Grund Abebe genommen? Doch tat er wirklich etwas ohne Grund? Forderte er sie etwa über diesen Umweg zum Kampf gegen das Unrecht auf? Sie, eine alte, schwache Frau?

In der Nacht nach diesem Tag schlief sie fest und traumlos und erwachte, bevor die Sonne über die Berge kroch und die Eukalyptuswälder auf den Graten vergoldete.

Sie entzündete eine Kerze. Schatten huschten über die Wände, verzerrten die Buchstaben der vergilbten Zeitungen und verfingen sich im Dachgebälk.

Sie tropfte neben den Türpfosten Wachs auf den glatten Boden und stellte die Kerze hinein. Wartete, bis sie unverrückbar stand. Suchte mit tastenden Fingern einen Keil im Holz, drückte ihn unter Aufbietung aller Kräfte mühsam mit einem dicken Nagel heraus. Der untere Teil des Pfostens wackelte. Sie kratzte um ihn herum die Erde weg und zog ihn heraus. Langte in das Loch, hob wieder Erde aus und zerrte schließlich einen Plastikbeutel auf den Tisch, riß das Klebeband ab und ein Blechbehälter fiel polternd auf den Tisch. Sie arbeitete sicher und ohne Hast, sprengte den Verschluß mit dem rostigen Nagel. In dem Kasten lag ein festes, öliges Tuch. Sie schlug es auf und nahm den Revolver in die Hand. Es war ein alter 38iger Smith & Wesson, die Waffe ihres Mannes. Sie hatte ihn über alle Hausdurchsuchungen hinweg in diesem Versteck sicher aufbewahrt. Jetzt war die Frist abgelaufen.

Sie wischte mit dem Lappen das Öl vom Lauf. Auf dem Walnussholzgriff zeigten sich dunkle Schweißspuren. Tsehay zog eine Pappschachtel aus dem Beutel, schwenkte die Trommel aus und zählte fünf Patronen aus der Schachtel ab. Die Kammer vor dem Lauf muß immer leer bleiben, zur Sicherheit, hatte ihr Mann erklärt.

Sie hielt inne und überlegte. Ihren Häschern lebend in die Hände fallen? Sie verwarf den Gedanken an Gottes Verbote und schob eine sechste Patrone nach. Die Trommel klickte zurück in den Rahmen. Tsehay wog den Revolver in der Hand. Sechsmal brachte er den Tod. Das würde für Nehussie und sie reichen. Sechsmal den Tod konnten sie beide nicht überstehen.

Sie ging in ihr an die Hütte angrenzendes Feuerhaus und löschte die Glut. Die wehrte sich. Zischte und spuckte, dicker Rauch quoll aus dem Abzugsloch.

Hustend verbarg Tsehay den Revolver unter ihrem Kleid. Er verursachte eine Beule, die unübersehbar hervorsprang. Sie hing sich locker eine Schama über die Schulter und ihre Falten verdeckten die Wölbung. Dann setzte sie sich auf einen Stuhl und wartete. Bis zum Mittag. Alle sollten es sehen.

Als es Zeit war und sie das Haus verließ, warf sie einen Blick zurück in den schattigen Raum, dessen Winkel und Ecken ihr so vertraut waren. Leise schloß sie die Tür und lief den schmalen Weg hoch. Der Revolver drückte rund und kalt auf ihrer Haut.

Die Sonne stach ihr in die Augen. Der Regenschirm lehnte an ihrem Bett in der Hütte. Sie würde ihn nie mehr benötigen, nie mehr durch die fransigen Löcher in den Himmel spähen. Außerdem war er jetzt unnötiger Ballast.

Aus dem Suk mit den prächtigen Türen winkte Getachew. Sie verharrte und Getachew zog sie hinter die Theke. Verbeugte sich, beklagte Abebe's Tod. Tsehay dankte wortlos, wandte sich zum Gehen und streifte Getachew's Arm. Der spürte etwas Hartes unter ihrem Kleid und erschrak, erst jetzt wurde ihm Tsehay's Ruhe bewußt.

,,Was... was trägst Du mit Dir herum?'', fragte er hastig.

,,Ungeziefer kann man nur bekämpfen, indem man es vernichtet'', sagte sie entschlossen. Niemand, auch Getachew nicht, würde sie mehr aufhalten. Sollte er es nur wissen.

,,Du bist verrückt'', zischte er, ,,Du weißt nicht, was Du tust.''

,,Doch'', sagte sie, ,,ich weiß es. Genauso, wie die anderen wissen, was sie tun.''

Getachew's Gedanken überschlugen sich. Tsehay hatte etwas Furchtbares vor, rannte in ihr Unglück. Warum konnte sie sich nicht mit dem abfinden, was geschehen war? Er mußte sie aufhalten.

,,Komm'', flüsterte er, denn an der Theke stand ein Fremder, der mit immerwährendem Grinsen ein Meta-Bier trank, ,,laß uns einen Tee trinken.''

Tsehay überlegte. Die Schlinge für Nehussie lag geöffnet bereit. Das Zuziehen sicher. Er würde ihr nicht entgehen. Sie willigte ein. Der Tee verhieß eine mögliche Stärkung.

Der Fremde trank glucksend und grinsend.

Menegescha verbrachte den halben Tag auf der Bank vor Desta Gebeyou's Zimmer. Verfolgte geduldig das Treiben auf dem Flur. Aktenträger trotteten lautlos von Tür zu Tür. Männer schäkerten mit fast singenden Stimmen, Mädchen lachten girrend. Die alte Frau mit ihrem blechernen Tablett schlurfte vorbei, Bittsteller erkundigten sich unterwürfig. Ab und zu knallten Türen, und einmal hörte er Desta Gebeyou ernst reden.

Menegescha saß still und stumm und ohne innere Erregung. Er fühlte, daß er mit seinem Anliegen den Minister beeindruckt hatte, und sein Instinkt sagte ihm, daß Desta Gebeyou sich nicht hatte entziehen können.

Er würde ihm auch keine Wahl lassen. War es heute zu früh, würde er morgen wiederkommen. Und übermorgen. Jeden Tag, bis Desta Gebeyou, gefangen in einem Netz aus Besuchen und Argumenten, etwas tun würde. Er begann zu träumen. Sah sich als den schwarzmähnigen äthiopischen Löwen. Mit stolz erhobenem Kopf. Der Wind spielte in seiner Mähne. Lauerte mit bernsteingelben Augen. Gebannt starrte alles Getier auf ihn, der seines Erfolges sicher war.

Kurz vor Mittag riß ihn die Sekretärin aus seinen Gedanken. Sie führte ihn in das Büro, und beim Anblick des Ministers schrumpfte Menegescha's Löwenmähne.

„Wie geht es Ihnen?", grüßte Desta Gebeyou förmlich. Menegescha erwiderte den Gruß, kämpfte mit leisen Zweifeln.

„Ich habe eine wichtige Mitteilung für Sie", eröffnete der Minister gutgelaunt das Gespräch.

„Sie haben mit Teferi Makonnen gesprochen", entfuhr es dem aufgeregten Menegescha.

„Nein, nicht mit ihm, er ist nur", der Minister lächelte, „er ist nur von der Gewerkschaft, und ohne mich sind ihm die Hände gebunden, verstehen Sie?"

„Ah", staunte Menegescha.

„Ich war bei meinem Ministerkollegen, dem Genossen Jussuf Mohammed vom Erziehungsministerium."

„Wollen sie mich weiterschicken?", rief Menegescha und sein alter Kampfeswille flammte auf.

„Nein, nein", sagte der Minister und lächelte noch immer, „es handelt sich um eine interne Zuständigkeitsfrage. Ich hatte eine Besprechung mit ihm und werde Sie etwas einweihen. Ich habe ihn beraten, denn Schulen fallen in seine Zuständigkeit, aber für den arbeitsrechtlichen Teil bin ich zuständig."

„Also, es wird etwas getan werden?"

„Alles, was ich Ihnen sage, ist selbstverständlich vertraulich", sagte der Minister, und erwog nach diesem Satz die Frage, wie lange es wohl dauern würde, bis aus dieser vertraulichen Information eines der in Addis allgegenwärtigen üblichen Gerüchte werden und in dem er eine positive Rolle spielen würde, und er fuhr fort: „Aber ich will Ihnen helfen, Ihnen und Ihren Kollegen. Und vor allen Dingen bin ich dafür, daß Recht Recht bleibt. Unser Recht selbstverständlich, nicht das der Kapitalisten. Wir sind tatsächlich für das Volk da, die Zeiten der Feudalherrschaft sind endgültig vorbei."

Menegescha's Zungenspitze zuckte nervös über seine Lippen.

„Aber was soll getan werden?"

„Ich war also bei dem Genossen Jussuf Mohammed, und er hat noch in meiner Gegenwart einen Brief an die Deutschen geschrieben. In dem Brief steht meine Entscheidung, daß die Entlassungen rückgängig gemacht werden müssen. Andernfalls sind Konsequenzen unerläßlich."

„Was für Konsequenzen?"

„Das ist nun wirklich streng vertraulich, aber seien Sie versichert, daß ich alles Notwendige veranlaßt habe. Sie werden Ihre Arbeitsplätze behalten."

Ehrfürchtig verneigte sich Menegescha und verließ das Büro. Der Minister war ein mächtiger Mann. Er ist in Wahrheit der äthiopische Löwe, knüpfte Menegescha wieder an seine Träume an, aber immerhin bin ich der Skorpion, der ihn blitzschnell mit hartem Stachel in den Schwanz gezwickt und ihm so beim Aufspringen den Weg gezeigt hat. Sein Lachen hallte von den Wänden des Ganges. Das mußte er feiern. Zwar nicht in einem Trinkhaus mit talla, denn das könnte sich ausdehnen und das Geld war knapp, aber ein Meta-Bier, irgendwo unterwegs, war ihm sicher, stellte er beim Durchforsten seiner Taschen fest.

Droste, der Kulturattaché der deutschen Botschaft, entdeckte in hilflosem Erstaunen einen Jungen aus dem äthiopischen Dorf auf dem Botschaftsgelände, der vor seinem Fenster in hohem Bogen gegen einen Baum pinkelte.

„Nicht doch, hier, in diesem Moment", rief er entrüstet und versuchte den Jungen mit heftigem Klopfen an die Scheibe zu verscheuchen. Ohne sein Werk zu unterbrechen, verschwand der Junge hinter anderen Bäumen.

„Immerhin, ein verdammt kräftiger Strahl", murmelte Droste neidisch. Danner unterbrach das Studium eines Briefes vom äthiopischen Erziehungsminister.

„Was sagten Sie?"

„Oh, Nebensächliches, lesen Sie ruhig weiter."

„Von ruhig lesen kann keine Rede sein. Meine Ruhe ist hin. Und ich bin sowieso am Ende angelangt."

Mit blassem Gesicht legte er den Brief zurück.

„Schönes Ding", seufzte Droste.

„Er deckt sich ungefähr mit meinen schlimmsten Erwartungen", murmelte Danner.

„Nun machen Sie halblang, daß die Äthiopier die Übernahme der Schule wegen dieser Entlassungen androhen, haben auch Sie nicht erwartet. Andererseits, irgendwelche Erwartungen hatten wir alle. Jetzt liegen die Karten auf dem Tisch, was war und wie es dazu gekommen ist, ist im Moment unwichtig. Wir müssen sehen, ob wir die Karten mischen und anders geben können. Immerhin ist nach Ansicht unseres äthiopischen Vertrauensanwaltes die vom Vorstand beschlossene Maßnahme nicht gesetzlich."

„Auch in Deutschland kann es in einem Fall bei zehn Juristen die berühmten elf Meinungen geben, habe ich mir zumindest sagen lassen."

„Nun ufern Sie nicht wieder aus. Ich bin selbst von Haus aus Jurist."

Danner massierte seine Stirn. Die Schule, seine Schule, war in ernster Gefahr.

Fünf Jahre hatte er versucht, dieser Schule seinen Stempel aufzudrücken. Mit Erfolg übrigens. Das hatte sogar der Botschafter jüngst in einem Gespräch festgestellt. Er hatte die Schule nicht gegründet, deren eigentlicher Ursprung schon Jahrzehnte zurücklag, aber entscheidend an ihr gearbeitet. Und nun war dieses Werk bedroht, wie er meinte, willkürlich einer gefährlichen Unsicherheit ausgesetzt, wegen lächerlicher tausend Mark im Monat. Noch nicht mal ein Tröpfchen, wenn man es mit den anderen Hilfeleistungen an Äthiopien verglich.

„Und der Botschafter, was sagt der?", fragte Danner.

"Der Botschafter ist über die Entwicklung sehr bestürzt. Er hat einen Termin beim Außenminister beantragt."

"Aber den Brief hat doch der Erziehungsminister geschrieben, warum geht er nicht zu dem?"

"Ich bitte Sie, die Verhandlungsebene für einen Botschafter ist das Außenministerium und nicht ein wildgewordener Erziehungsminister. Das müßten Sie doch wissen, auch wenn Sie nicht, äh, im diplomatischen Dienst tätig sind."

"Auch der diplomatische Dienst schützt vor Torheiten nicht", brauste Danner auf und fügte aber gleich hinzu, "entschuldigen Sie, es war nicht so gemeint. Aber mich nimmt diese Entwicklung ganz schön mit."

"Sie hängen an der Schule?"

"Für mich ist sie mehr als ein Job. Es war, ich meine, wie soll ich es erklären, ich habe mit ihr gelebt. Ich... ach, lassen wir es. Im Moment ist nichts zu ändern, wir müssen auf der nächsten Vorstandssitzung eine gute Strategie entwickeln. Ich fahre jetzt erst mal nach Haus."

"Fahren Sie, fahren Sie zu Weib und Kind", sagte der Junggeselle Droste, der ein kleines Haus auf dem weitläufigen Botschaftsgelände bewohnte und schüttelte ihm die Hand und Danner war, als ob es schon eine endgültige Verabschiedung sei und der Stuhl im Kollegium seiner alten Schule für ihn bereit stand. Der Schritt zurück!

In der Nähe von Danner's Haus brach ein Esel aus einer Reihe dahinzockelnder Grautiere aus und galoppierte schreiend über die Straße. Danner bremste, sah dem fluchenden Treiber nach und erkannte unvermittelt an einem Suk, der ihm bisher nie aufgefallen war, Menegescha. Und steht da nicht im Schatten auch Tsehay?, grübelte er verwirrt. Tsehay und Menegescha? Vielleicht irrte er. Die dunklen Gesichter waren oft schwer zu unterscheiden. Ob er hinüber gehen und sich nach Tsehay's Befinden erkundigen sollte? Der Besuch beim Kebele empörte ihn noch immer. Selten war er so höflich und herablassend zugleich behandelt worden. Seine Neugier siegte. Er wendete den Bus, stieg aus und musterte die schweren Türen des Suk, die im deutlichen Gegensatz zu den wackligen Wänden standen.

Menegescha und Tsehay erkannten ihn sofort.

Menegescha setzte seine leere Bierflasche ab und lachte ihn an. Direkt herausfordernd, empfand Danner. Von Tsehay ging eine seltsame Kühle und Entschlossenheit aus.

Danner trat unter das Dach des Ladens und fühlte sich in dem schummrigen Raum unbehaglich. Musterte in steigender Verlegenheit die Waren. Tsehay und Menegescha sprachen auf Getachew ein. „Entschuldigung", rief Danner, „kann mich jemand verstehen?"

„Tena yestilign, hallo, wie geht es Ihnen?", begrüßte ihn Getachew, „ich spreche englisch."

„Ich... ich will nichts kaufen, ich bin nur hier, weil ich diese beiden kenne", sagte Danner, „ich habe vom Tod des Sohnes dieser Frau erfahren und war mit ihr sogar beim Kebele. Aber ich weiß sonst nichts von ihr. Es war eigentlich alles mehr ein Zufall. Ich möchte nur wissen, wie es ihr geht."

„Sie hat von Ihnen erzählt, was Sie getan haben, hätten nur wenige Fremde fertig gebracht", erwiderte Getachew und überlegte fieberhaft, ob sich durch diesen Fremden eine Chance böte, Tsehay von ihrem Vorhaben abzubringen. Er kannte keine Einzelheiten, hatte aber mit dem Sinn des Äthiopiers für Waffen das verborgene Eisen identifiziert. Ein eindringlicher Blick von Tsehay beschwor ihn jedoch, vernichtete diese Möglichkeit.

„Es geht ihr ein wenig besser, es ist eben alles unabänderlich, wissen Sie, man muß sich mit diesen Dingen abfinden", sagte er.

„Es ist eine schlimme Zeit", murmelte Danner, „kann ich sonst irgend etwas für sie tun?"

Es gäbe nichts mehr für sie zu tun, ließ Tsehay ausrichten.

Menegescha lachte noch immer, sprang auf Danner zu und schüttelte ihm die Hand. Legte ihm in einer Anwandlung die Hand auf die Schulter. Danner wich zurück.

„Er ist betrunken", stellte er fest.

„Nein, das ist er nicht. Er feiert nur ein wenig, er ist glücklich, verstehen Sie, für diesen Moment. Er hat eine freudige Nachricht erhalten und möchte Sie zu einem Bier einladen", übersetzte Getachew.

„Mich? Zu einem Bier? Das kann er nicht bezahlen. Er gehört zu einigen Angestellten, ich arbeite für eine Schule, wissen Sie, er gehört also zu einigen Angestellten, die ich entlassen mußte. Es tut mir leid, vielleicht sollte ich ihn einladen."

„Entlassen? Sie haben es versucht", lächelte jetzt Getachew, „wenigstens sagt er das."

„Versucht? Das hat er leider mißverstanden, er ist entlassen!"

„Er sagt, der Arbeitsminister, den er mehrmals aufgesucht hat, hat ihm versprochen, die Entlassung rückgängig zu machen?"

„Arbeitsminister? Rückgängig machen?", überlegte Danner verblüfft und laut, der Brief, sollte Menegescha der Auslöser gewesen sein?

Ein Tellerwäscher...?

„Richten Sie ihm aus, daß ich mir von ihm nichts wegnehmen lasse und schon gar nicht mit ihm darauf trinken werde", sagte Danner steif und Getachew verstand nicht, um was es ging. Aber Menegescha lachte jetzt vernehmlich und stach mit ausgestrecktem Zeigefinger in die Luft.

Ein dünnes Wimmern mischte sich in Menegescha's Lachen.

Tsehay hob den Kopf.

„Es ist nur ein Kind", sagte Getachew zu Tsehay, „es saß heute morgen vor den Türen. Ausgesetzt oder vergessen, vielleicht sind die Eltern verhaftet worden, wer weiß."

„Ein Kind?", flüsterte Tsehay, „wo?"

Getachew klopfte an die Rückwand. „Dort".

Tsehay schlurfte hinter das Haus und der Revolver drückte gegen ihren Bauch. Auf einem Stein saß ein kleines Mädchen im schmalen Schatten und weinte. Die Tränen purzelten über die Schmutzflecken im Gesicht und verschmierten den Staub. Es trug ein verwaschenes Kleid. Eine magere Schulter drängte durch einen Riß am Ärmel. Tsehay zog das widerstrebende Kind zu Getachew.

„Innat", heulte es, „Mutter".

„Sieh mal, die Farbe des Kleides", rief Tsehay.

„Es ist gelb, wie die Maskalblumen", bemerkte Getachew.

„Maskal, Kreuzesauffindung", flüsterte Tsehay", das Fest ist schon lange vorbei. Das Kind hat Hunger, ich könnte etwas kochen, bloß mein Feuer..."
„Was ist mit dem Feuer?"
„Ach, ich dachte, ich würde nie... was geht Dich das an?"
„Schon gut", brummte Getachew.
Danner war schon mürrisch im Gehen begriffen. Doch als Tsehay mit dem Mädchen um die Ecke bog, entdeckte er die Bonbons in dem staubigen Glas.

„Ich gehe", sagte er und drehte Menegescha den Rücken zu, „bitte, geben Sie dem Kind ein paar Bonbons." Er legte einige Münzen in eine Schale. Getachew zählte sorgfältig ab, füllte die Hand des Mädchens und wies auf Danner. Das Mädchen drückte sich verlegen an Tsehay, und das Gewicht des Revolvers verflog und Tsehay spürte an ihren nackten Beinen die Wärme des Kindes und erschauerte.

Jemand zupfte an Danner's Ärmel.
„Caramella", flehte ein Junge, „Bonbon, gib mir einen Bonbon, Herr."
So ist es, wenn man erst einmal anfängt, dachte Danner hin- und hergerissen.
Plötzlich füllten Rufe den Suk, bettelnde Hände streckten sich zu Danner hoch, und er sah über sie hinweg Menegescha grinsen. Schob die Kinder zur Seite und rief in seinem wenigen amharisch: „Yellem, nein, nege, morgen."

Die Kinder drängten, schoben die vorderen und mit ihnen Danner in den Suk, einige küßten seine Hand, ein Junge sang mit heller Stimme ein Lied, und der Lärm übertönte Menegescha's Kichern. Getachew kam zornig hinter dem Ladentisch vor und brüllte: „Khid, verschwindet. Laßt den Herrn in Ruhe. Er hat schon gegeben und es ist genug. Es ist ein Fremder."

Danner verstand das Wort ferenji und die Erkenntnis öffnete eine Wunde.
„Was kostet das ganze Glas?", schrie er durch den Tumult.
„Es ist teuer", rief Getachew.

Wortlos warf Danner ihm eine Geldnote zu und ergriff das Glas, holte Bonbons heraus und warf sie in die jubelnde Menge, die noch wuchs. Die Schreie klangen weit.

Danner schleuderte die Bonbons in alle Richtungen, mal weit weg und mal fielen sie zu seinen Füßen, und erhitzt bemerkte er nicht, wie sich Menegescha die Taschen vollstopfte und den aufklaubenden Kinderhänden oft zuvor kam. Er sah auch nicht, wie Tsehay das Mädchen an ihre Hand nahm und mit ihr den Hang zu ihrer Hütte hinunter ging. Ein barfüßiges, trauriges Mädchen und eine alte Frau, der eine plötzliche Hoffnung einen leichten Gang verlieh.

Als das Glas leer war, verebbte der Tumult. Der aufgewirbelte Staub schwebte zurück auf den Boden und Danner stand verlassen. Er fuhr sehr langsam nach Haus, wischte sich den Schweiß von der Stirn und stammelte: „Caramella, caramella. Bonbonverteiler."
Und er spuckte durch das offene Fenster auf die Straße.

Anmerkung:
Eine dpa-Meldung vom Januar 1978: „Nach Mitteilung des Außenamts-Sprechers hat die äthiopische Regierung außerdem am 9. Januar dieses Jahres die deutsche Schule in Addis Abeba übernommen und die Räumung des Gebäudes angeordnet."
Und erst ein halbes Jahr später schrieb der „Ethiopian Herald": „Einige ‚community schools', wie der Sprecher des (Erziehungs)Ministeriums bekannt gab, versuchten in der Vergangenheit das Ministerium zu betrügen, indem sie amharische Fächer unterrichteten (meistens von unqualifizierten Lehrern vorgetragen), um den Anschein zu erwecken, sie würden den Anforderungen des Ministeriums nachkommen. Es war dies und andere Sabotage, welche zur Schließung der deutschen Schule führten..." 19.6.78.